# Global Cities: A Short History

# 全球城市简史

[英] 格雷格・克拉克（Greg Clark） 著

于 洋 陈 静 焦永利 译

于 洋 总译校

中国人民大学出版社

・北京・

# 目 录

# 第一章　全球城市导读

全球城市简史很难写，因为全球城市的历史如此之漫长，故事如此之丰富！

全球城市的历史深深植根于人类文明的发展历程之中，从现代民族国家出现之前那些古代大都市的建立，一直延续到今天信息化时代全球城市的崛起。与古代大都市相比，今天的全球城市开创了全新的生活方式和创新生态系统。当下的城市化浪潮让人们重新审视与思考城市曾在历史上的许多方面所发挥的重要作用。

这部全球城市简史不仅探讨历史上全球城市演化的关键因素，而且对这些城市的未来前景进行展望。为保证叙述的清晰，本书统一使用全球城市（global city），而非世界城市（world city）这一概念。这并不是要为全球城市下一个新定义，而是因为本书聚焦于历史事实而非理论研究。当然，我的确从其他城市历史学家的理论著述中获取了许多灵感。从全球城市发展的历史来看，所有超出本土市场发挥作用的城市必然具有五个关键特征：

1. 贸易与交通网络；
2. 具有开拓精神的多元化人口；
3. 对贸易体系的创新与影响；
4. 对新市场、新产品和新实践的探索；
5. 地缘政治机遇。

通过这些特征，我们可以描绘出全球城市的演进轨迹，挖掘其深层次的基因，并讲述它们在历史长河中的故事（见专栏 1－1）。

**专栏 1－1　　全球城市的关键要素**

1. 贸易与交通网络；
2. 具有开拓精神的多元化人口；
3. 对贸易体系的创新与影响；
4. 对新市场、新产品和新实践的探索；
5. 地缘政治机遇。

尽管“全球城市”是一个新概念，但其内涵却古已有之，本书将回到历史中探寻其根源。今天正在出现的三大现象引发了人们对于全球城市及其多元功能的兴趣与关注。

首先是全球城市数量增加。今天的全球城市是新一代全球城市，其数量比历史上任何一次全球化浪潮中涌现的全球城市都多。一些研究从全球 500 多座人口超过 100 万的都市中选定了 150 多座全球城市[①]。随着区域与全球经济一体化程度提高，以及人口规模超过 100 万的城市越来越多，全球城市的数量预计还会逐年增加。诚然，根据经济或文化特点，并非每一座城市都能成为全球城市。然而，已有太多的城市在经济上呈现国际化的发展导向，我们甚至可以说，全球化浪潮正是由这些全球城市所推动和创造的。

其次是大都市区化（metropolitanization）现象凸显。21 世纪是"大都市的世纪"，从很多方面来看，每一座全球城市的发展历史都是一个大都市区（metropolitan areas，简称 metros）形成的过程。一些快速发展的城市突破了原有的行政边界，彼此之间产生了经济外溢效应。在行政边界未调整的情况下，这些功能交错的地区发展成为统一的经济体系，这就是大都市群的聚集过程。很多城市在 20 世纪都经历过城市功能疏解，然而今天的大都市区化现象却为我们指明了一条新的发展道路。城市可以从若干个相互联系的人口聚集区吸纳劳动力和促进经济增长，并通过再城市化和密集化过程建立更易管理的大都市

① 全球化与世界级城市研究小组与网络组织（GaWC）于 2013 年发布的报告 The World According to GaWC 2012，网址：www. lboro. ac. uk/gawc/world2012t. html。

区。随着大都市区化和再城市化的发展，预计到2100年，全球人口的80%以上将会居住在城市中。如果不考虑其他潜在因素的影响，未来100年间，由基础设施框定的全球城市格局将在很大程度上定型。因此，在未来若干年内，那些正成长为具有全球影响力的城市将有机会在很长时期内保持先发优势。

最后是世界经济动力机制演变。2008年以来，在次贷危机和全球经济衰退之后，世界经济发生了重大转型。世界的重心正在迅速向东方和南方* 移动。这为那些原本处于全球城市网络边缘的城市创造了新的市场机会，而对那些处于网络中心的城市施加了压力，这些城市很难保持其现有的地位和影响力。尽管在单个国家内部尚存在贫富差距问题，但繁荣的经济比以往更均衡地惠及各国，具有高度流动性的全球新兴中产阶级为世界带来了更大的消费需求。经济繁荣的扩散也意味着国家之间的经济和空间格局正在重塑，为更多中等规模的二线城市在特定经济领域大展拳脚提供了空间。

因此，面对全球城市数量激增、大都市区化现象凸显以及世界经济动力机制演变的新形势，我们对全球城市的发展历史进行回顾十分必要，且恰逢其时！

全球城市简史是一部讲述不同城市以各自方式实现全球化

---

* 此处主要是指以中国为代表的发展中国家在全球经济格局中的强势崛起。——译者注

的历史。所谓“全球化”（globalizing）是指城市经济越来越国际化、不断融入全球经济体系的过程。在过去15年间，一些成熟的全球城市（例如纽约、东京、巴黎、伦敦）已成为世界性的公司总部聚集地和决策中心，为众多行业、企业和国家提供高端金融和专业咨询服务。然而，许多上一代的全球城市并非如此。历史上，城市有多种参与全球化的方式，其中贸易和地理大发现发挥了基础性的推动作用。展望未来，对于处于不同文化制度背景中的城市而言，肯定还会有更多的参与全球化的方式。本书第二章将回顾不同历史时期，城市之间的贸易和交通网络的发展与完善。

在人类文明演进的进程中，全球城市不断地演绎着崛起、繁荣与衰亡的历史循环。后浪推前浪般的全球化浪潮不仅被地理大发现和新贸易商路的开通所推动，也深受科学发现、技术进步、地缘政治的影响。在地缘政治的变迁中，不断有新的王国、朝代、帝国或殖民地登上历史舞台的中央，成为一段历史时期的主角。19世纪以来，全球化浪潮与港口、运河、航空、自动化、先进制造业、创意和文化产业、跨国公司的兴起以及全球城市化的发展密切相关。引发这波浪潮的因素是复杂的，涉及新的基础设施、创新和贸易等因素，也表明城市走向全球化存在着多元化路径。1980年以来，全球化浪潮主要由资本和金融市场的全球扩张、商业传媒和信息服务业的放松管制等因素所推动。但是，我们不应该把当前的全球城市仅仅看作金融或传媒中心，正如我们不能把历史上的那些全球城市仅仅看作帝国首都或港口城市一样。本书第三章和第四章主要讨论三大问题：(1) 城市为何以及如何走向全球化；(2) 哪些因素使这些特定城市有幸晋升为全球城市；(3) 哪些因素导致某些全球城市长久屹立，而另一些全球城市则很快没落。

在 20 世纪 80 年代以来的最新两次全球化浪潮中，学术界都在致力于如何定义、理论化和衡量“全球城市”。作为一项新兴科学研究，全球城市正在受到世界各地研究机构和学者的广泛关注，并逐渐形成一个联系日益密切的研究网络，其中比较活跃的研究机构包括：位于北京的中国科学院、位于东京的森纪念财团*、位于华盛顿特区的布鲁金斯学会和世界银行、位于巴黎的经济合作与发展组织*、位于内罗毕的联合国人居署、位于纽约的联合国和福特基金会、位于伦敦的伦敦政治经济学院城市研究中心*、位于纽约的麦肯锡全球研究院*、位于日内瓦的世界经济论坛*、位于巴塞罗那的联合城市与地方

---

* 森纪念财团（The Mori Memorial Foundation）的网址：http：//mori-m-foundation. or. jp。——译者注

* 经济合作与发展组织（The Organization for Economic Cooperation and Development）的网址：http：//www. oecd. org。——译者注

* 伦敦政治经济学院城市研究中心（LSE Cities Group）的网址：http：//www. lse. ac. uk/LSE-Cities。——译者注

* 麦肯锡全球研究院（McKinsey Global Institute）的网址：https：//www. mckinsey. com/mgi/overview。——译者注

* 世界经济论坛（The World Economic Forum）的网址：https：//www. weforum. org。——译者注

政府组织*、位于开普敦的非洲城市中心*等。除上述研究机构发布的研究之外，还有200多项关于全球城市的评价指标、研究报告和评论，相关的发布机构主要包括：全球化与世界级城市研究小组与网络组织*、《金融时报》、《经济学人》、仲量联行、美世、万事达、普华永道、芝加哥全球事务委员会*等。本书第五章将对这些研究机构关于全球城市的观察与思考进行回顾，并梳理相关思想的发展演变轨迹，有关讨论也会涉及对当今全球城市的分析以及对全球城市体系的多种解释。

目前，新一轮的全球化浪潮始于2008—2009年的经济衰退，其特点是全球城市的差异化发展，以及晋升为全球城市途径的多元化，这是由多种因素共同作用的结果，包括：人与资本的流动性加快、商业布局全球化、新兴技术与新型人口结构的出现。对于像纽约、香港、伦敦、巴黎、新加坡和东京这样的老牌全球城市，我们已非常熟悉，这些城市引领了20世纪80年代至2008年的全球化浪潮，并且持续在全球网络中探寻自身的专业化分工定位。但是，新兴专业化领域的出现也为其

---

* 联合城市与地方政府组织（United Cities and Local Governments）的网址：https：//www. uclg. org。——译者注

* 非洲城市中心（African Centre for Cities）的网址：https：//www. africancentreforcities. net。——译者注

* 全球化与世界级城市研究小组与网络组织（Globalization and World Cities Group）的网址：http：//www. lboro. ac. uk/gawc。——译者注

* 芝加哥全球事务委员会（Chicago Council on Global Affairs）的网址：https：//www. thechicagocouncil. org。——译者注

他城市提供了晋升为全球城市的机会。一旦把握住机遇，这些城市也能在全球一体化的价值链中发挥引领作用。在中国、印度、巴西、印度尼西亚、韩国等新兴经济体飞速发展的时代背景下，新兴的全球城市不断涌现，其国际影响力也在持续增强。同时，生命医药科技、数码显示产业、清洁可再生能源技术、城市服务以及其他先进产业的发展也正在推动新一代全球城市的崛起，例如，布里斯班、南京、奥斯陆、圣迭戈、智利的圣地亚哥、斯德哥尔摩和特拉维夫。

本书第六章主要对全球城市的不同类型进行考察，关注城市从一种类型向另一种类型转变或成为混合类型的不同发展轨迹。每一种类型的全球城市不仅将其在国家和区域中的角色与其跨越国界的全球角色结合起来，而且具有特定能力以胜任这些角色。因此，这些全球城市往往具有类似的资源禀赋，承担着相似的使命。对于研究者而言，这些城市如何在未来保持其国际化道路才是最令人感兴趣的。其中有一些共同的因素发挥着作用，包括：全球导向，商业环境，人才和技术，交通网络，宜居性，以及通过土地利用、住房和基础设施投资、跨都市区治理制度来管理增长和提升协同发展的能力。

从近代历史来看，全球城市自身也会产生张力与冲突。这种张力既体现在城市内部，又体现在城市与国家乃至更广泛的经济地域之间。一方面，全球城市可以为商业部门、员工和企业创造非凡的价值，并通过税收为公共财政作出贡献。另一方面，全球城市也会因其发展的速度和规模给增长管理带来巨大挑战。成熟的全球城市还不得不处理与其所在的省、州或国家宏观经济的张力关系，因为它们往往被认为在区域内具有强大向心力，源源不断地从经济腹地中吸纳技术、投资、资源和业务，从而挤压了区域内其他城市的发展空间。业务和技术的流失会导致周边城市在政治上产生敌意，并促使国家或州政府将限制全球城市发展作为首要目标，以满足其他城市和区域的需要。尽管有证据表明，全球城市也能发挥经济龙头的作用，使经济活动和发展机遇向周边城市扩散，但错位发展战略在许多情况下难以推行。如何处理相关的争议与冲突将成为全球城市未来发展议程中的重要议题。

因此，领导力对全球城市的未来至关重要。城市领导力来自多个方面，不仅是市政府或大都市区政府。其任务是解决全球城市面临的挑战，以及全球城市与其所在国家、州或省政府之间的经济和政治关系问题。本书第七章将审视全球城市面临的重要挑战及领导力需求，回顾各种可行的领导力模式。此外，第七章还将探讨如下问题：（1）领导架构以及公民、公民社会和商界领导组织在其中的角色；（2）地方和国家政府之间的关键性互动机制；（3）如何组织协调大都市区的发展；（4）城市之间学习和交流的作用。上述这些探讨都着眼于不远的将来，并努力去想象未来的全球城市系统将会是什么样子。

在这样的情况下，历史上的模式演变将会被放在未来的背景下进行审视，从而预见可能出现的新模式。

在这部全球城市简史中，你将看到世界各地不同历史时期的全球城市，我也时常翻看这些案例。城市的全球化从来不是单一路径的，也永无止境。本书并无意涵盖全球城市的所有类型。相反，它的目标是有限的，仅致力于讲述城市在参与全球化的进程中所发生的那些丰富多彩的故事。

# 第二章　两大起源：贸易与交通网络

我们可以从贸易活动中找到全球城市的起源。历史上，城市和贸易之间的紧密联系在全球商业的演进轨迹中打下了深刻的烙印。本章将主要探讨贸易和交通网络如何推动城市的全球化进程。

现代资本主义的核心动力是对贸易的强烈渴望，由此激发了对建设城市的需求，从而方便货物、思想、资本和劳动力的交换。在城市中，造船、制图、航海、金融、保险、证券交易以及银行等服务于贸易的行业得以发展。在现代全球城市中聚集着辐射全球市场的证券交易所、金融机构、专业服务、高端创意产业和技术创新。但由城市推动的贸易并不等同于资本主义，事实上早在资本主义出现前的几千年间就已存在。

在古代，城市之间由商路连接，主要从事丝绸、香料、蔗糖和茶叶的贸易，这些贸易也促进了城市发展和国际化大都市文明的形成。贸易为港口城市和商业中心带来了移民和商人，人种的混合进一步促进了文化和知识的交流，激发了创新。可以说，贸易一直是历史上社会变革与发展的最大外部推动因素[①]。尽管贸易时常伴随着奴隶、剥削和苦难，但它也推动了技术、银行、保险、时尚和创意等方面的突破。

## 贸易城市的演进

3 000 多年来，城市一直扮演着货物流、资本流、信息流和劳动力流交汇枢纽的角色。在不断变迁的政治和宗教体系中，城市已被证明是最适合行业聚集的空间，这种聚集反过来又推动产业专业化分工、劳动市场形成、信息共享和生产力发展[②]。

随着贸易体系的成熟，商人通常会建立一系列的贸易据点，并将那些促进跨文化交流的、分散的商业节点连缀成一个贸易网络。历史上往往是由来自各地的人们出于互惠的目的聚集在某些半永久性的居住点，这些居住点进而发展为城市，形成了最早期世界文化的多样性。以技术进步和资本积累为基

---

① Philip Curtin. Cross-Cultural Trade in World History. Cambridge University Press，1984.

② Masahisa Fujita，Paul Krugman and Anthony Venables. The Spatial Economy：Cities，Regions，and International Trade. MIT Press，2001.

础，城市网络的形成促进了原本彼此隔离的文明或地域之间的广泛交流。承担多种职能的贸易城市也对其他职能单一的地域施加影响，从而创造出区域间的依赖关系和城市等级序列。

表 2－1 通过 10 条商路总结了城市与贸易的联系历史，沿线很多城市因商贸繁荣而转向外向型发展模式，深度参与到全球化进程中。该表明确了城市与贸易互动发展的一些关键时点，列出了每个全球化周期的重要创新与负面影响。当然，还有许多其他的贸易路线并未列出，例如俄罗斯和中国之间的陆路商路、非洲和中美洲的贸易体系，以及在大英帝国顶峰时期蓬勃发展的海上商路。

大约 1 万年前，出现了若干个最早发展出贸易专业化分工和内部劳动分工的城市，其与商路联系的紧密程度直接决定着这些城市的兴衰。位于今天土耳其境内的加泰土丘* 便是最早形成的城市之一，它是新石器时代的一个大型人类定居点。此外，位于今天巴勒斯坦境内的杰里科* 也形成于新石器时代。这两个城市都是最早出现的贸易城市。随着时间的推移，它们在技术和文化方面都取得了巨大进步。加泰土丘主要从事土耳其和

---

* 加泰土丘（Çatalhöyük）位于土耳其的科尼亚平原，存在于公元前 7500—前 5700 年，是已知的人类最古老的定居点之一，遗址保留完整，2012 年 7 月被联合国教科文组织认定为世界文化遗产。——译者注

* 杰里科（Jericho）位于巴勒斯坦的约旦河西岸，是一座拥有 3 000 年历史的古城，早在 11 000 年前就已经有人在此居住。——译者注

中东地区之间的黑曜石、枣和贝壳的贸易；而杰里科因毗邻约旦河上的一处浅滩地带而成为盐、硫和沥青的贸易中心[①]。

**表 2-1　　　　历史上 10 大贸易路线**

| 主要时期 | 贸易路线 | 重要城市 | 创新之处 | 负面影响 |
| --- | --- | --- | --- | --- |
| 公元前 1000 年至公元 400 年 | 地中海 | 亚历山大、安提阿、雅典、迦太基、君士坦丁堡、马赛、罗马、丹吉尔 | 造船、文字传播、字母、希腊哲学、罗马道路系统 | 征服与奴役 |
| 公元前 400 年至公元 17 世纪 | 丝绸之路 | 亚历山大、巴格达、巴格拉姆、君士坦丁堡、泰西封、大马士革、东莞、广州、杭州、赫拉特、喀布尔 | 贸易大篷车、纸张、火药、指南针、代数、医药、天文学、灌溉、印刷术、银行和铸币 | 黑死病、匈奴和蒙古入侵、宗教暴力 |
| 1050—1500 年 | 地中海 | 巴塞罗那、佛罗伦萨、热那亚、马赛、那不勒斯、比萨、威尼斯 | 金融创新、奢侈品传播、对海盗的长期打击 | 民主萌芽被王朝统治所扼杀 |
| 1250—1550 年 | 欧洲西北部（汉萨同盟） | 安特卫普、布鲁日、汉堡、伦敦、吕贝克、诺夫哥罗德、里加、斯德哥尔摩 | 商业组织、造船、银行、行政组织 | 贸易垄断和限制 |

① Luc-Normand Tellier. Urban World History：An Economic and Geographical Perspective. Presses de l'Université de Quebec，2009，pp. 331-396.

续前表

| 主要时期 | 贸易路线 | 重要城市 | 创新之处 | 负面影响 |
|---|---|---|---|---|
| 1500—1750 年 | 非洲沿岸和印度洋 | 科伦坡、达拉斯萨拉姆、里斯本、罗安达、孟买 | 制图、航海技术改进、博物学进步 | 奴隶制、殖民征服、垄断、内部分裂 |
| 1500—1800 年 | 大西洋三角贸易 | 阿姆斯特丹、哈瓦那、金斯敦、里斯本、伦敦、马德里、拿骚、纽约、巴黎、里约热内卢、鹿特丹、萨尔瓦多、圣保罗 | 航海与造船技术的改进，重商主义、早期资本主义、启蒙思想的传播，产权，资本市场，电报，运河 | 奴隶制、征服和经济分隔、非洲的社会混乱、海盗猖獗 |
| 1600—1800 年 | 东南亚到拉丁美洲 | 曼谷、巴达维亚、加尔各答、广州、马六甲、墨西哥城、长崎、槟城、西贡、新加坡 | 丝绸与香料商路、白银、瓷器和茶叶 | 亚洲与欧洲之间差距的拉大、殖民化 |
| 1850—1940 年 | 泛太平洋地区 | 广州、洛杉矶、澳门、大阪、东京 | 白银出口、国家现代化 | 受契约压迫的劳工、美日关系紧张 |
| 1945 年至 20 世纪 70 年代 | 北美与欧洲地区 | 芝加哥、底特律、汉堡、慕尼黑、多伦多 | 全球消费品、共享经济和监管体系、信息化物流 | 有限的经济专业化、城市无计划扩张、环境污染 |
| 20 世纪 80 年代至今 | 亚太地区 | 班加罗尔、广州、香港、孟买、新加坡、上海、深圳、悉尼 | 生产和信息技术创新、基础设施建设、贫困减少 | 环境污染、资源破坏、农民进城 |

在早期城市文明的数千年间，依托于精心设计的基础设施，高级和复杂的贸易网络得以出现。在公元前 3000 年左右，美索不达米亚平原上以乌鲁克* 为中心，形成了一个由 20 多个城邦组成的松散城市等级网络。得益于得天独厚的区位优势，毗邻幼发拉底河和波斯湾入海口的乌尔* 成为该网络中的第二等级城市，通过运河与美索不达米亚平原、波斯湾乃至印度河流域的城市相连。它也是最早因长途商路而兴起的城市之一，主要从事从东方进口铜和象牙的贸易。为了方便对贸易进行监管，政府机构往往就建在河岸上。贸易带来的稳定与繁荣为乌尔在建筑学和天文学领域取得数学方面的突破奠定了基础。当时技术条件的局限意味着位于长途贸易链条两端的城市之间无法进行直接贸易往来，劳动分工也不像今天这般深化。那时城市的兴衰高度依赖于交通网络。例如，在公元前 2 世纪，因幼发拉底河改道导致灌溉系统和水路贸易被阻断，乌尔最终走向衰落。

人类历史上那些早期帝国的军事扩张促进了城市贸易的增长，特别是在海上交通运输重要性日益凸显的背景下。早在公

* 乌鲁克（Uruk），美索不达米亚平原西南部的一座古城，位于幼发拉底河东岸，由苏美尔人建造，是乌鲁克时期的标志性城市，在公元前 2900 年最兴盛时曾居住了约 80 000 名居民。——译者注

* 乌尔（Ur），位于两河流域，是世界上最早的城市之一，是乌尔第三王朝的首都，拥有 6 000 年的建城史。——译者注

元前1300年，在提尔*、西顿*等政治上独立的腓尼基城市中，商人们就看到在地中海封建帝国夹缝中的商业机会，他们主要从事玻璃、纺织品、染料和锡等出口贸易。腓尼基人是早期商业资本主义的先驱，率先建立了海上城市网络（见图2-1）①。以黎凡特*地区为起点，海洋商业文明在环地中海地区建立了很多定居点，其中位于今天突尼斯境内的、建于公元前814年的迦太基便是最重要的前哨站之一。在其鼎盛时期，迦太基成为横跨西班牙、法国、西西里岛和北非沿岸众多城市的贸易网络的

图2-1　腓尼基人的贸易网络

---

* 提尔（Tyre），位于今天黎巴嫩境内的腓尼基古城，始建于公元前3000年，在公元前1000年达到鼎盛。——译者注

* 西顿（Sidon），位于今天黎巴嫩境内的腓尼基古城，与提尔齐名。——译者注

① Volker Bornschier and Peter Lengye. Waves, Formations and Values in the World System. New Brunswick, NJ: Transaction, 1992.

* 黎凡特（Levant）泛指中东托鲁斯山脉以南、地中海东岸、阿拉伯沙漠以北和美索不达米亚以西的地区，涉及今天的伊拉克、约旦、黎巴嫩、巴勒斯坦、以色列、叙利亚、土耳其等国家。——译者注

战略核心，其贸易触角最远一直延伸到英格兰西南部的康沃尔郡。

其他一些贸易领域的重要突破与创新也在全球化初期完成。例如，在波斯第一帝国时期，大流士一世（统治时间为公元前 522—前 486 年）制定了金银货币制度和规范的税收制度，以适应省或辖区的经济需求。长途贸易催生了货币兑换、资产管理和保险等金融创新。基础设施对于跨国贸易至关重要，当时，从苏萨* 到萨第斯*、全长 1 600 英里的波斯御道为商贸繁荣奠定了基础，这条商路一直通往波斯波利斯* 和以弗所*，并把原有道路连接成一个陆路交通网络（见图 2－2）。依托此网络，波斯信差可以通过驿站间的接力在两周之内将公文送到帝国最偏远的地区。这种前所未有的便捷交通网络使帝国派出的巡查官吏能够巡视整个帝国，并及时上报地方的最新动态。关税、道路通行费和贸易税收成为帝国的主要收入来源，这些收入被进一步用于完善城市交通基础设施，促进城市发展。波斯第一帝国甚至还在红海和尼罗河之间开凿了一条 45 米宽的

---

* 苏萨（Susa），位于今天伊朗胡齐斯坦省境内的古城，曾是古代埃兰王国、波斯帝国和帕提亚帝国的重要城市，建于公元前 4000 年，著名的汉谟拉比法典在此出土。——译者注

* 萨第斯（Sardis），位于今天土耳其马尼萨省境内的古城，曾是古国里底亚的首都和波斯帝国重要的城市之一，具有 2 500 多年的建城史。——译者注

* 波斯波利斯（Persepolis），位于今天伊朗境内的古城，曾是波斯帝国的首都，建于公元前 520 年，公元前 331 年被亚历山大大帝焚毁。——译者注

* 以弗所（Ephesus），位于今天土耳其境内的古城，位于加斯他河注入爱琴海的河口，是古希腊人在小亚细亚建设的一座城市，建于公元前 10 世纪。——译者注

人工运河。

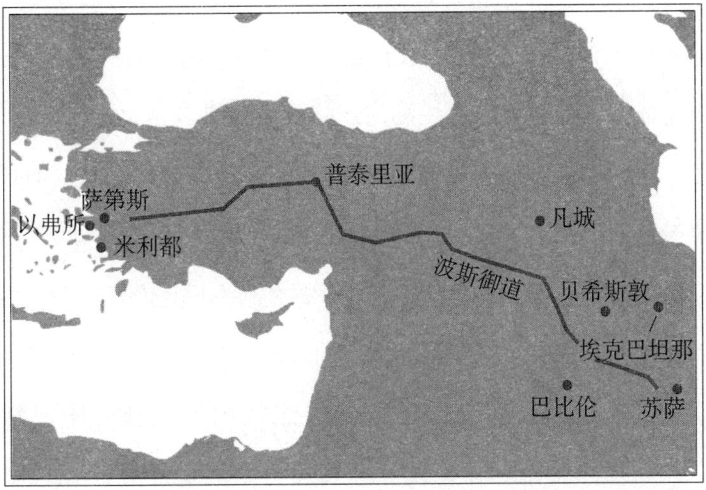


图2-2　当时世界上最长的道路——波斯御道（建于公元前500年）

可靠且便捷的信息交流系统对于维持一个庞大帝国的中央集权统治至关重要，特别是四通八达的道路交通网络[①]。虽然修建基础设施最初出于军事和统治目的，但道路系统的完善客观上也促进了新一轮贸易繁荣和知识传播，巴比伦、犹太和腓尼基商人在其中发挥了重要作用[②]。波斯御道是全球化初期的标志，当时以马队和道路为基础形成了一个承载贸易与交流的全球城市网络。

① Pierre Briant. From Cyrus to Alexander: A History of the Persian Empire. Translated by Peter T. Daniels. Winona Lake，IN：Eisenbrauns，2002.

② Michael C. Howard. Transnationalism in Ancient and Medieval Societies：The Role of Cross-Border Trade and Travel. Jefferson，N. C.：McFarland and Co.，2012.

丝绸之路大约出现在公元前 400 年，它连接了从中国东海岸经中亚、中东直到地中海地区的一系列城市。游牧的斯基泰人在中亚的扩张有力地推动了该地区长途贸易的发展。沿途城市被纳入贸易体系，通过收取关税和为过往商队提供食宿迅速繁荣起来。其中，很多城市不仅是中途停靠站，而且成为现代意义上的物流与贸易枢纽，商品、思想、劳动力和服务在这些城市之间频繁流动。借用历史学家白桂思* 的话，丝绸之路不只是连接东西方的贸易商路，更是“整个亚欧大陆中部的政治—经济—文化体系”[①]。

当亚历山大大帝在公元前 4 世纪征服了大部分中亚地区后，丝绸之路网络迅速扩张。马其顿帝国的继任者们在此基础上又为贸易商路向东延伸提供了必要的基础设施和安全保障。亚历山大大帝还在丝绸之路沿线建设了一系列城市，包括亚历山大*、赫拉特*、坎大哈* 和巴格拉姆* 等，这些城市后来成

* 白桂思（Christopher I. Beckwith），美国印第安纳大学教授，著名欧亚历史学家，著有《日本・高句丽语系的民族和早期中国》等著作。——译者注

① Christopher I. Beckwith. Empires of the Silk Road：A History of Central Eurasia from the Bronze Age to the Present（Princeton University Press，2009），p. 328.

* 亚历山大（Alexandria），位于今天的埃及境内、地中海沿岸，是埃及第二大城市和重要港口，始建于公元前 334 年，后成为托勒密王朝的首都。——译者注

* 赫拉特（Herat），位于今天阿富汗西部哈里河流域的中亚古城，始建于公元前 500 年，先后成为波斯帝国、马其顿帝国、塞琉古帝国、帕提亚帝国的重要城市。——译者注

* 坎大哈（Kandahar），位于今天阿富汗南部，是阿富汗第二大城市，始建于公元前 4 世纪，先后成为波斯帝国、印度诸王朝的军事重镇。——译者注

* 巴格拉姆（Bagram），位于今天的阿富汗东部的中亚古城，原名为高加索的亚历山大城，始建于公元前 320 年。——译者注

为从地中海到印度的商路沿线中转站和安全港。早期全球城市呈现出很强的文化多元性，混合了波斯、希腊、印度和中国文化。随着中国疆土向西扩张，越来越多的商路被开拓，它们将开封、广州与亚历山大、泰西封* 联系起来，不但成为丝绸、香料、宝石、矿石、食品的贸易通道，而且更是中西方思想交流的纽带。

自亚历山大大帝东征后，丝绸之路的城市网络一直存续至今。因战争、疾病、宗教骚乱和气候变化，这些城市也经历了兴衰沉浮。当统治者和商人们在动荡的地缘政治环境中采用不同策略展开竞争时，君士坦丁堡、卡拉奇、信德、巴格达、喀布尔、安提阿* 、喀什和敦煌等城市却都在同一片阳光下经历着它们的光辉岁月①。虽然从 11 世纪起，新商路、新市场和新生产工艺的涌现逐渐削弱了丝绸之路的重要性，但其对全球化的巨大推动作用却给人类文明留下了一笔永不磨灭的宝贵遗产。那些曾经繁荣的商路为新时代下欧亚大陆贸易与交流树立了样板②。

---

* 泰西封（Ctesiphon），位于今天伊拉克境内的古城，始建于公元前 2 世纪，曾作为帕提亚帝国和波斯萨珊王朝的首都。——译者注

* 安提阿（Antioch），位于今天土耳其南部的古城，始建于公元前293 年，曾作为古叙利亚的首都。——译者注

① Christopher I. Beckwith. Empires of the Silk Road：A History of Central Eurasia from the Bronze Age to the Present（Princeton University Press，2009），p. 328.

② Peter Frankopan. The Silk Roads：A New History of the World（London：Bloomsbury，2015）. See also UNESCO，"Silk Road：Interactive Map of the Cities along the Silk Roads，" 2016（http：//en. unesco. org/silkroad/network-silk-road-cities-map-app/en）.

## 商业贸易的兴起

今天的现代贸易城市模式早在中世纪晚期便已出现。1300年，在北欧和南欧同时出现了两大港口贸易体系。在南欧，热那亚、威尼斯和巴塞罗那掌控着地中海的商品交易市场；而在北欧，包括汉堡、吕贝克和里加在内的汉萨同盟控制着波罗的海沿岸的贸易体系（见专栏2-1）。在两大港口贸易体系中，彼此结成联盟的城市并不需要进行领土扩张或大规模征税，而只需要充分利用处于国家间的管辖权空白的优势自行制定法律，便可以维持可观的贸易利润。

**专栏2-1　汉萨同盟**

古罗马帝国灭亡后，大部分北欧城市一直处在封闭、隔绝和封建的状态。得益于城邦联盟中商人的决策，长途贸易和外向型经济缓慢复苏。

13世纪是欧洲的商业变革时代，一个名为汉萨同盟的城市网络形成，促进了波罗的海沿岸的贸易发展。商人无须再亲自从一座城市贩货到另一座城市，而是通过中介机构直接在城市中的商业总部指挥贸易。随着商人逐渐成为强大的地方政治势力，他们也越来越多地主导着城市政治。汉萨同盟就是由众多城市中的商人基于共同商业利益而成立，并最终成为保卫其成员贸易商路和特权的联盟。

汉萨同盟主要由波罗的海和北海沿岸的城市组成，领导机构设在吕贝克。一条从伦敦出发，途径布鲁日和卑尔根，通往斯德哥尔摩、格但斯克、里加和俄罗斯的诺夫哥罗德的贸易轴线日渐形成。它通过长途贸易将北欧城市重新联系起来。

汉萨同盟中的城市与今天的全球城市有许多相似的特征。精细的专业化分工促进了造船、渔业、毛皮、布、盐、信贷和基础设施等行业的发展。当联盟成员在城市中掌握实权后，他们会努力维护贸易网络中的法治传统和贸易规则，监管商品品质，统一商品重量、体积和价格的计量标准，分享市场信息等。这一精心营造的、公开透明的市场交易环境一直延续到了15世纪。

汉萨同盟的领导者对任何威胁贸易商路的行为予以坚决打击。为此，他们组建了一支专业舰队，最多可调动30万人的军队来保卫商路沿线的安全。此外，出于扩大市场规模和保护贸易权利的目的，他们还与封建领主们进行了激烈的谈判。尽管汉萨同盟并没有官方的法律地位，但它与当今的全球城市有许多相同的属性，例如，外向型的发展导向、商业利益集团，以及来自上层权力的支持。汉萨同盟最终因该区域内民族国家的崛起而解体，但其影响力一直持续至今，当年汉萨同盟贸易网络中的许多城市在今天仍然发展良好。

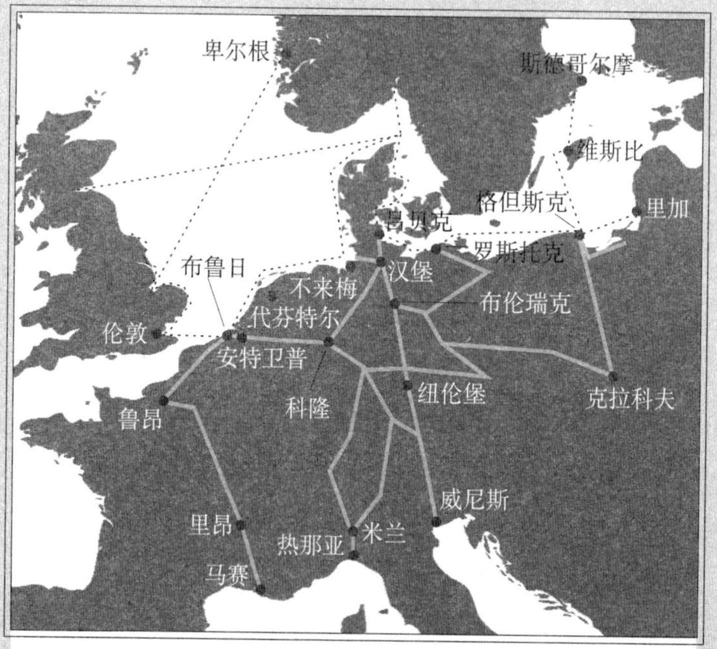


汉萨同盟的贸易路线

在没有强大主权国家的情况下，同侪的压力和相互的利益促使欧洲城市中的商人依赖私人网络关系来履行合约，维持长途贸易的信用。研究表明，在一个政治上四分五裂的世界中，城市政府之间为了吸引国际贸易而展开激烈竞争，其提高竞争力的主要方式是不断调整物流、法律、商业和金融制度，以满足商人的需求①。即使在那些商人无法主导政府决策的城市

① Oscar Gelderblom. Cities of Commerce：The Institutional Foundations of International Trade in the Low Countries，1250-1650（Princeton University Press，2013）.

（例如安特卫普和威尼斯），成为国际化大市场的雄心也会激励城市领导者调整地方制度以促进对外贸易的发展。贸易城市之间的激烈竞争一直都是经济发展的显著特征，并且其历史远比我们想象的久远。

在早期全球化中，城市贸易网络并不局限于欧洲。早在 16 世纪葡萄牙人和荷兰人抵达东南亚之前，马六甲和广州之间便形成了一个区域贸易网络，涉及今天印度和中国南部的一些港口城市。其中，马六甲在该网络中的重要地位就如同威尼斯之于欧洲①。众多港口城市间形成了一个充满活力的商业网络，城市发挥着贸易与转运中心的作用，在这里可以看到阿拉伯、印度、中国和日本商人忙碌的身影。当时与现在一样，完善的基础设施与税收制度是城市贸易兴盛的关键。蓬勃发展的商贸城镇吸引了来自亚洲和欧洲的多种族人口。与中世纪晚期的欧洲一样，一些正式或非正式的亚洲城邦国家也逐渐繁荣起来，这些国家很大程度上独立于帝国政治压制和贸易公司剥削之外而存在，例如阿巴斯港*、万丹*和苏拉特*等。

---

① François Gipouloux. The Asian Mediterranean：Port Cities and Trading Networks in China，Japan and South East Asia 13th-21st Century（Cheltenham：Edward Elgar，2011）.

* 阿巴斯港（Bandar Abbas），1623 年由波斯国王阿巴斯一世所建，伊朗南部的重要港口城市。——译者注

* 万丹（Banten），在 16 世纪后期至 19 世纪初期统治爪哇西部的伊斯兰教王国。——译者注

* 苏拉特（Surat），印度西部古吉拉特邦的港口城市。——译者注

对于在早期全球化浪潮中通过贸易实现全球化的城市，有一些在随后数百年间经历了时代剧变和剥削掠夺后幸存下来，并以一种全新的面貌融入全球化的洪流。而另一些曾是主要交通枢纽和商业中心的城市则走向衰落，例如安特卫普和塞维利亚。有的城市因河流淤积而逐渐在国际竞争中丧失了区位优势，最终被更具竞争力的城市所取代，例如阿姆斯特丹和加的斯。对于塞维利亚而言，国外资本持有该城市资产的份额偏高也被认为是导致其衰落的原因之一，类似的担忧在如今的城市中也很常见。

## 民族国家的崛起

从 17 世纪起，城市和城邦国家的贸易都受到了新兴民族国家的遏制，这些民族国家在其领土范围内拥有行政管辖权和财政调控权。之前的城邦国家主要受到欧洲大陆上具有强大军事实力的帝国的控制。而新兴民族国家则通过海外殖民扩张主导新一波全球化浪潮，它们经常从零开始建造新城市，开拓利润丰厚的新商路，加尔各答和槟城就是其中具有代表性的城市。在西欧，民族国家逐渐形成极具规模的工业经济和国内市场，这意味着那些运输成本高昂的行业往往倾向于在国内发展，而非跨国发展。

但民族国家并没有完全阻碍城市间贸易网络的发展。在 17 世纪至 20 世纪的 300 年间，经济全球化在欧洲和北美快速发展，推动了现代城市的快速工业化和贸易产业的集群化，而这些现代城市则成为推动国家经济发展的引擎。

到了18世纪，以布里斯托、格拉斯哥、利物浦和都柏林等为代表的西欧城市与美洲殖民地之间的商业联系已非常成熟。阿姆斯特丹、里斯本、伦敦和安特卫普则是钻石贸易的主要中心[①]。美国沿海城市也发展出复杂的贸易联系，它们向欧洲出口朗姆酒、木材、毛皮、烟草、小麦和肉类，对外贸易促进了波士顿、塞勒姆、查尔斯顿和费城等城市的发展。横跨大西洋的贸易从根本上改变了这些城市和周边农村的社会和政治结构，引发了对新市场、新商品与新服务的竞争[②]。

除此之外，密集的城市海上贸易网络在世界其他地方也稳步发展。在东南亚形成了以曼谷、槟城、广州、新加坡、西贡、马尼拉等城市为核心的贸易网络，这些城市往往是由东印度公司这样的全球殖民者建立的前哨站，当然，它们也具有一定的商业独立性。土耳其奥斯曼帝国的城市在全球贸易中也十分活跃，伊兹密尔便与欧洲金融界联系紧密，通过马赛等港口向欧洲出口丝绸、棉花和羊毛。与很多全球城市一样，与欧洲开展贸易的机会使得伊兹密尔吸引了来自世界各地的移民。

交通网络的便捷性在19世纪得到了显著的改善，刺激了

---

① Tijl Vanneste. Global Trade and Commercial Networks：Eighteenth-Century Diamond Merchants（London：Routledge，2016）.

② Richard Sennett. The Fall of Public Man（Cambridge University Press，1974）.

全球贸易量和投资量的增长。实际上，与历史上其他全球化时期相比，“19 世纪的全球化进程经历了前所未有的量变与质变”①。在 1820—1870 年间，世界贸易量的年增长率由历史平均水平的 1%增长到 4%左右。19 世纪是大规模能源生产、长期资本投资和货币化经济体的时代。世界博览会首次举办，向全世界展示全球贸易和工业发展取得的成就。由企业家移民建立的贸易网络在香港、伦敦和上海这样的全球贸易中心城市中越来越重要②。殖民化带来了很多历史性剧变和快速的技术转移，特别是蒸汽轮船、铁路、有轨电车以及后来的汽车等技术。1903 年，美国一份名为《世界今日》（*The World To-Day*）的月刊杂志歌颂了城市交通的巨大进步：“过去，城市之间的距离取决于骑马一天能走的最远距离；而现在大城市之间的距离则取决于火车 24 小时能行驶的最远距离，并且在中间 12 小时车程的位置还会有一座次级城市”③。

20 世纪上半叶，由于共产主义和法西斯主义的崛起、两次世界大战造成的影响，全球贸易量严重萎缩，全球城市化速度明显放缓。世界贸易额占全球国内生产总值的比例直到 1973

① Barry Buzan and George Lawson. The Global Transformation: History, Modernity and the Making of International Relations (Cambridge University Press, 2015), pp. 186-187.

② Gipouloux. The Asian Mediterranean.

③ Samuel Fallows, Edmund Buckley, and Shailer Mathews. in The World To-Day: A Monthly Record of Human Progress 5 (1903), p. 1446.

年才恢复到第一次世界大战前的水平。贸易主要被局限在国内市场或属于同一殖民体系的国家之间[①]。跨境贸易也主要在所在区域内进行，例如，美国和加拿大城市之间在汽车工业方面的贸易，或欧洲城市之间在机械工业方面的贸易[②]。创新、规模化和专业化使北美和欧洲城市保持着成本优势，因此制造业更倾向于留在发达国家，而不是转移到发展中国家。

## 跨国公司与新一轮的全球贸易

在 20 世纪 60—70 年代，随着去管制化潮流的兴起，民族国家对于国际贸易模式的控制开始放松。在发达经济体中，公司具有强烈的国际化动机以摆脱国家的管制。由于支撑国际化生产、贸易和投资的相关技术与制度创新，现代跨国公司开始摆脱国家或帝国的控制而发挥关键作用。信息与通信技术革命使远距离协调复杂的贸易业务成为可能，像新加坡这样的城市则将自身定位为跨国公司的决策中心和指挥平台。这些公司推动了新专业化分工模式的形成，推动城市职能向以下任一方面分化：

① Philip McCann and Zoltan J. Acs. "Globalization: Countries, Cities and Multinationals," Regional Studies 45, no. 1 (2011), pp. 17-32.

② Richard Baldwin. "Global Supply Chains: Why They Emerged, Why They Matter, and Where They Are Going," in Global Value Chains in a Changing World, edited by Deborah K. Elms and Patrick Low (Geneva: World Trade Organization, 2013), pp. 13-60 (www. wto. org/english/res _ e/booksp _ e/aid4tradeglobalvalue13 _ e. pdf).

1. 低成本、标准化生产的基地；

2. 研发、设计与管理的中心；

3. 专业化海运和空运物流中转站。

在1970—2005年间，跨国公司的数量增长了10倍。到了20世纪80年代，这些公司的业务量占到世界贸易总量（不包括社会主义国家）的3/4[①]。由于货币国际化、外汇交易和欧洲美元市场的发展，城市与跨国公司在复杂的全球生产或供应链网络中成为关键角色。跨国公司的崛起也使不同城市在新的国际分工中发挥着不同的作用，许多城市都抓住机遇去扭转全球化对其制造业和相关服务业造成的不利影响。跨国公司正变得越来越需要城市。

## 新一轮全球循环

借用经济学家罗伯特·C. 芬斯特拉的话，自20世纪80年代以来，政治与经济变革加速了“世界贸易的整合和生产的分解”[②]。拉丁美洲、东欧和亚洲的政治转型和民主化浪潮使这些区域中的大城市在功能定位上由原来以居住和生产为主转向以贸易和消费为主。在东亚，这一趋势尤为明显。诸如香港、新

---

① Anthony D. King. Global Cities: Post-Imperialism and the Internationalisation of London（New York: Routledge Library Editions，1990）.

② R. C. Feenstra. “Integration of Trade and Disintegration of Production in the Global Economy,” Journal of Economic Perspectives 12，no. 4（1998），pp. 31-50.

加坡、上海这样的贸易中心城市推动了区域经济一体化的发展，这些沿海城市成为新一轮全球贸易浪潮的排头兵。从符拉迪沃斯托克到新加坡形成了一条海上城市走廊，这些城市在法律制度和商业惯例方面逐渐趋向一致[①]。在全球一体化背景下，从北欧到中美洲都能看到类似的贸易体系。

## 本章小结

在 2008 年以来的全球化浪潮中，城市全球化程度与对外贸易依存度的关系可能不如过去紧密。但那些对外贸易额巨大的城市往往更深地嵌入国际市场中，也更易受到其他国际动态的影响，例如从出售产品向出售高附加值服务转型、国际熟练和非熟练劳动力移民、旅游经济增长和跨境资本的流动。贸易触发了城市和大都市区多元的国际化道路。

本章主要对城市与贸易关系中的一些关键历史时刻进行了简要梳理。下一章将对历史上的重要城市进行详细回顾，并分析推动城市走向全球化的其他因素。

---

① Donald Water，ed. Global Logistics：New Directions in Supply Chain Management（London：KoganPage，2010）.

# 第三章　全球城市的历史Ⅰ：古代城市

那些曾参与世界贸易的核心全球城市如何出现？从历史上的全球城市身上，我们能为理解未来全球城市获得怎样的启示呢？

历史表明，城市的全球化往往呈现出群体性和周期性的特点。很少有城市能完全依靠自身力量开启全球化进程。它们往往通过集体行动或融入网络的方式参与全球竞争，而国际环境的变化则会对许多全球城市产生影响，导致其集体退出全球化进程。当然，全球化的周期性并非统一或线性的。虽然古代的全球城市不会平稳过渡为 21 世纪的全球城市，但纵观历史，我们依然可以发现一些清晰的模式，全球化前一个周期往往会对后一个周期中哪些城市会脱颖而出抑或逐渐衰落产生影响。

在前工业化时代，城市经历了数次全球化浪潮，而这些浪潮的出现一般是同期某些因素推动的结果。第二章重点讨论的贸易与交通网络便是其中的关键因素，而本章将重点讨论另外四个推动全球化浪潮的因素：

1. 具有开拓精神的多元化人口；

2. 对贸易体系的创新与影响；

3. 对新市场、新产品和新实践的探索；

4. 地缘政治机遇。

## 第一波全球化浪潮

第一波全球化浪潮确切的起始时间和具体地点已难以考证，最初的全球化先驱者可以追溯至数千年前[①]。世界上首批因市场而兴起的大城市建立在4 000多年前的青铜时代早期，其丰富的历史直到今天才刚刚开始被人类所认知。当时，城市革命已在今天伊拉克南部地区悄然发生，大多数人口已居住在城市中，贸易规模的扩大推进了城市化进程。

在今天印度河谷沿岸的巴基斯坦境内，出现了摩亨佐-达罗*和哈拉帕*两座拥有多元经济与社会结构的早期城市。它

① Martin Pitts and Miguel J. Versluys. "Globalisation and the Roman World: Perspectives and Opportunities," in Globalisation and the Roman World: Archaeological and Theoretical Perspectives, edited by Martin Pitts (Cambridge University Press, 2015), pp. 3-31.

* 摩亨佐-达罗（Mohenjo-daro），又称“死亡之丘”，始建于公元前2600年，是世界上早期的古代城市，有“古代印度河流域文明的大都会”之称。——译者注

* 哈拉帕（Harappa），位于巴基斯坦境内，是古代印度河流域文明时期的重要城市，考古发现其遗址与摩亨佐-达罗很相似，像是公元前2000—前1700年时摩亨佐-达罗的姊妹城。——译者注

们位于一条贯穿整个中亚地区的宝石贸易商路沿线，成为基于共同文化和语言的庞大贸易网络的中心，通过基础设施建设为居民提供了良好的生活条件。这两座城市既具有植根于本土的文化基因，又具有外向型经济结构，展现出很多今天全球城市具有的特征。

在公元前2000—前1000年，出现了很多具有早期全球化特征的城市。诸如阿卡德*、巴比伦*、尼尼微*等早期美索不达米亚文明的中心城市最早开始建立大型基础设施体系，并获得了地方自治权。位于今天阿富汗境内的巴尔赫*是一个高度成熟的贸易和出口管理中心城市。波斯波利斯和帕萨尔加德*则位于横贯亚洲的交通干道网络的核心，信息传递便捷通畅。这些城市之间的长途贸易促进了人类历史上首次思想文化交流，对不同文化都产生了深远的影响。

从早期城市化浪潮城市间建立长途贸易联系的过程中，我们可以总结出一条重要的规律，即高价值商品和奢侈品往往是促进

* 阿卡德（Akkad），位于美索不达米亚（今伊拉克境内），是商路交汇点，地理位置优越，存在于巴比伦文明前期的城邦国家，创建了阿卡德王朝。——译者注

* 巴比伦（Babylon），位于今伊拉克境内，始建于公元前18世纪，曾是巴比伦王国的都城，后成为波斯帝国、马其顿帝国的都城。——译者注

* 尼尼微（Ninevah），位于今伊拉克境内底格里斯河东岸，公元前11世纪起成为亚述帝国的首都，后随着公元前605年亚述帝国灭亡而衰落。——译者注

* 巴尔赫（Bactra），位于今阿富汗境内，临巴尔赫河的河口，是阿富汗最古老的城市，曾作为大夏国首都，在中文古典书籍中被称为薄知。——译者注

* 帕萨尔加德（Pasargadae），位于今伊朗境内，始建于居鲁士王统治时期（公元前558—前529年），为波斯阿黑门尼德王朝的第一个都城。——译者注

城市间建立联系和合作的动力。随着中国打开国门，马匹、丝绸、竹子、水稻和葡萄酒的贸易日益繁荣，并且经常被用作维持与其他帝国和城市之间和平的外交手段，丝绸甚至成为国际货币，从事贸易的驼队在城市之间往返频繁（见专栏3-1）。在数百年间，日益成熟的交易网络将世界高效地连接起来。正如牛津大学历史学家彼得·弗兰克潘所说："我们往往将全球化看作一种独特的现代现象，然而早在2 000多年前，它就已经存在了，它既提供了机遇，又带来了问题，还推动了技术进步。"①

帝国的兴衰往往从根本上影响着城市的贸易经济。王朝的统治者们对于城市商人的态度总是摇摆不定，有时会减少税负并允许自由贸易，而有时则会对贸易进行严格限制。这意味着对于几乎所有在11世纪之前的全球城市而言，全球化进程往往充满坎坷和不确定性，偶尔还会遭遇毁灭性的衰落，然后再进入漫长的复兴。尽管大多数城市并非如此，但一些城市却表现出宽容、开放和商业倾向等核心面貌，只要统治者能够营造稳定的社会环境，这些观念就能蓬勃发展起来。

**专栏3-1　　中国各朝代的全球城市**

从公元前3世纪到公元15世纪，中国城市一直是全世界最富有和规模最大的。在明朝（1368—1644年）地大物博且

① Frankopan. The Silk Roads，p. 12.

逐步统一的领土上，中国城市成为丝绸之路和太平洋贸易的门户，让同期的欧洲城市相形见绌。

| 全球城市 | 朝代 | 主要特征 |
|---|---|---|
| 长安 | 汉朝（公元前 202—前 8 年） | 货币经济发展，存在国有产业，数学和天文学的创新 |
| 洛阳 | 汉朝、唐朝和周朝（1—2 世纪） | 废除国家垄断，造纸术和地震仪的发明 |
| 开封 | 宋朝（960—1127 年） | 合股公司投资，造船业，商业行会 |
| 北京 | 明朝、清朝（1421—1644 年） | 私有化，雇用劳动力，风险投资，银器和武器的贸易 |
| 广州 | 宋朝、明朝、清朝（11—14 世纪，18—19 世纪） | 海上门户城市，受限的贸易许可 |

**长安（今西安）**

在中国西北部，长安（今西安）于公元前 200 年左右建立，是最早的王朝都城之一。像其他都城一样，它在高度中央集权的制度中发展成为国家权力中枢。统治者建立了一个复杂的统计与商业情报机构来对生产和贸易进行管制。由于长途贸易和丝绸之路的兴起，其地位和后来成为首都的洛阳的地位均得到了进一步提升。

**开封**

北宋将开封设立为新首都。10—11 世纪，开封达到其巅峰期，拥有超过 100 万的人口。位于黄河和 3 万英里运河体系的交界处，开封一举成为当时世界上最开放的城市之一。

周边经济腹地拥有1.2亿人口和成熟的城市体系。经过北宋后来的君主和大臣不断放松对贸易的控制，中国成为一个贸易导向的外向型经济体，刺激了城市规模扩大和繁荣。

**杭州**

在面对危局时，中国城市的行政与政治体系也展现出足够的适应性。12世纪靖康之变后，宋朝被迫将都城迁往南方，位于土壤更肥沃的长江三角洲的杭州成为南宋的新首都，以及当时世界上最大的城市之一。杭州的陆上贸易十分发达，特别是工艺精巧的青瓷贸易，杭州同时也在主要由阿拉伯商人主导的广州海上贸易中占有一席之地。据说马可波罗被当时杭州的城市规模和财富，以及中国精妙的技术所折服，相比之下，同时代的威尼斯仅有不到5万人。

14世纪后，中国早期的全球城市逐渐走向衰落。蒙古人的入侵和黑死病的肆虐使人口锐减。元朝的统治最终被明朝所取代，海上长途贸易被终止，中国开始走向闭关锁国。中国城市虽然仍旧规模庞大，但是在15世纪后渐渐退出了全球贸易的舞台。这种封闭状态一直到19世纪欧洲殖民者的到来才被打破。

## 亚欧大陆与非洲

当古罗马帝国达到鼎盛之时，与亚欧贸易体系的联系也使印度城市繁荣起来。但由于气候变化以及雅利安蛮族入侵，印度河流域原有的城市逐渐衰落，与此同时城市更新的进程开始起步，并在公元前 3 世纪达到高峰。在亚历山大大帝东征之后，印度的孔雀王朝* 成为一个拥有高统治效率和军事实力的王朝，营造了安全的贸易环境，并大力投资修建道路，因此逐渐发展成为东西方贸易的重要窗口，主要从事与古罗马帝国之间钻石、棉花和香料的出口贸易。位于今天伊斯兰堡西北的塔克西拉* 成为主要的贸易门户，而位于今天巴特那和恒河附近的华氏城* 也逐渐繁荣起来。多摩梨* 则成为斯里兰卡与东亚之间贸易商路上的重要港口城市。即使在王朝覆灭之后，波斯湾、东非和东亚之间的沿海贸易仍未中断，刺激了位于印度西海岸讷尔默达河口的巴里加扎* 的快速发展，该城市主要从事与古罗马帝国之间的贸易往来。

---

* 孔雀王朝（公元前 322—前 185 年）是古印度摩揭陀国著名的奴隶制王朝，在公元前 3 世纪阿育王统治时期疆域达到最大，是第一个基本统一印度的王朝。——译者注

* 塔克西拉（Taxila），位于今巴基斯坦境内的古城，始建于公元前 6 世纪，曾为犍陀罗国的都城，公元前 326 年亚历山大大帝东征至此，在孔雀王朝的阿育王统治时期成为一个庞大的佛教学习中心，在 5 世纪嚈哒人入侵后逐渐衰落。——译者注

* 华氏城（Pataliputra），位于今天印度境内的古城，始建于公元前 490 年，由古印度摩揭陀国国王阿阇世王修建，最早是作为恒河流域的一个军事要塞。——译者注

* 多摩梨（Tamralipti），位于今天印度境内的古城，地处孟加拉湾北部海岸和恒河河口，是古代印度东部的重要海港。——译者注

* 巴里加扎（Barygaza），位于今天印度境内的古城，是古代印度西部的重要海港，主要从事与西欧的贸易往来。——译者注

在欧洲城市中，罗马城率先发展出类似于现代的全球城市网络（见专栏3－2）。古罗马帝国是一个由联邦城市构成的庞大帝国，西至西班牙和苏格兰，东至幼发拉底河沿岸，每一座城市都有其管辖的领土范围。罗马城在广阔的帝国疆域内建立了统一的行政管理体系、货币体系和税收体系，营造了稳定的营商环境，这些都促进了人口在联邦城市之间的快速流动和商业贸易，促进了城市的繁荣[①]。到了古罗马帝国统治的中期，大多数当时的历史学者都认为世界已完成了全球化。波利比乌斯在其名著《历史》（*Histories*）中写道："从今往后，历史将成为一个有机的整体——意大利和非洲的事务与亚洲和希腊的事务息息相关，所有事件都相互关联，共同促成同一个结局。"[②] 在这一轮贸易城市的全球化浪潮中，洲际贸易的规模越来越大，交易的货物种类也越来越多样。贸易推动了印度洋新商业区的发展和与印度的直接贸易。罗马的城市网络也促进了宗教的传播，位于其网络中的城市后来都成为基督教权威的中心。在那个时代，单座城市的力量和影响力首次成为洲际贸易的根本驱动力。

---

① Yale H. Ferguson and Richard W. Mansnach. Globalization：The Return of Borders to a Borderless World?（New York：Routledge，2012）.

② Polybius. quoted in Pitts and Versluys，"Globalisation and the Roman World，" p. 18.

## 专栏3－2　最早的全球城市：雅典、亚历山大、罗马

### 雅典

依靠交通网络和文化影响力，古代雅典实现了持续的外向型发展。其丰富的矿藏和优越的区位条件使其成为早期制造业和世界贸易的中心，尤其是在陶器出口和粮食进口等方面。在庇西特拉图的统治下，雅典迅速扩大了商业贸易，改善了区域贸易关系，并为城邦国家的繁荣奠定了基础。尽管雅典并不是当时世界上最大的城市，也不是与长途贸易商路联系最紧密的城市，但其凭借卓越的领导力建立了联系紧密的贸易网络——德利安联盟（Delian League）。该联盟共包含250多座地中海城市，城市之间在相对自由的市场环境下进行着频繁的货物、劳动力和思想的交换与交流。外国人在雅典的工商业和贸易中始终发挥着突出的作用，其人口总量占雅典总人口的近10%。

就像今天的纽约一样，当时的雅典通过思想与创新向外施加影响力。诸如神庙和大百货商店等大型公共建筑成为雅典的标志，吸引着大量的游客和知识分子。雅典成为文明和理性的象征，与当时雅典之外未开化的野蛮状态形成了鲜明对比。雅典在公民大会和民主制度基础之上形成的政治文化传播到古罗马帝国，并对后世产生了深远影响。雅典哲学、悲剧和喜剧也成为许多欧洲和中东思想与文学学习的模板。

**亚历山大**

由亚历山大大帝建立并以其名字命名的这座城市是地中海地区主要的粮食生产基地，与北非、欧洲和亚洲有着贸易往来。通过出口粮食到希腊城邦和后来的古罗马帝国，并通过丝绸之路贩卖异域商品，亚历山大快速发展成为大都市。到了古罗马帝国时期，城市总人口已增长到30万，是当时仅次于君士坦丁堡的第二大城市。亚历山大在贸易网络中的重要地位使其成为当时文化最多元的城市之一，希腊人、马其顿人、犹太人、波斯人、埃及人、叙利亚人、阿拉伯人和意大利人聚居于此。在公元前3世纪，城市中外国商人的数量之多使得货币兑换都成了一大问题。远道而来的商人们带来的新思想在这里融汇，亚历山大成为整个地中海地区科学研究的中心，拥有当时世界上规模最大的图书馆。即使在被并入古罗马帝国的版图后，亚历山大仍然是该地区的一颗明珠，成为古罗马帝国向东方开放的门户之一。

**罗马**

与亚历山大不同，罗马的崛起并非通过对外贸易，而是通过由将军、元老院议员、皇帝领导的军事征服逐渐开疆拓土，最初征服了意大利、迦太基和高卢，然后征服了埃及的粮食产地，最终征服了丝绸之路在地中海东部的重要口岸。战争带来了廉价的食物和商品，这使罗马人的购买力激增，对奴隶、香料、丝绸和其他异国物产的需求飙升。随着年轻人和野心家们来到罗马谋求在政治或军事上的个人发展，罗马的城市人口逐渐增长。在其巅峰时期，这座城市形成了涵盖 200 多个行业的精细专业化分工，成为整个地中海地区庞大行政和商业网络的指挥中枢。

与今天的城市很相似，罗马需要高效的信息网络和优良的基础设施以维持其统治，因此建设了四通八达的道路网络，培养了成熟的领导阶层，协调着大量军队和货物的调配与运输。由于维持这一网络的成本过高，帝国不得不走上致命的过度扩张道路，最终因无力抵御侵略，其供应网络被切断，引发了西罗马帝国的崩溃。

已有丰富的文献记载了罗马作为一个全球城市的兴衰史。一旦地缘政治机遇出现，其他城市也有机会登上全球化的舞台。作为连接亚欧大陆的陆上桥梁，伊斯坦布尔因其得天独厚的区位优势在过去 2 000 年间参与了多次全球化浪潮。这座城市原名叫拜占庭，出于对古罗马帝国在东部的经济和政治利益的考量，君士坦丁皇帝在 4 世纪下令在此大兴土木，将其命名为君士坦丁堡。古罗马帝国的统治者需要一个开放的城市，既要临近丝绸之路沿线的商品供应市场，又能跨越黑海和富饶的安纳托利亚，抵达尼罗河流域的小麦产区。因此，君士坦丁堡成为贸易枢纽，吸引着罗马市民和来自世界各地的商人聚居于此。

作为一个文化大熔炉，君士坦丁堡促进了基督教在古罗马帝国境内的传播。尽管西罗马帝国早早灭亡，但在8—9世纪间，君士坦丁堡成为繁荣的贸易中心。在帝国对作坊、工资和关税实行严格监管的制度下，君士坦丁堡的贸易活动遍及俄国、印度、中国和非洲，其手中掌握的大量黄金和丝绸吸引着全世界的商人蜂拥而至。商品贸易在君士坦丁堡与威尼斯、比萨、热那亚及欧洲各地之间蓬勃开展，据说当时至少有6万名意大利人居住在君士坦丁堡[①]。后来，在土耳其奥斯曼帝国的统治下，君士坦丁堡更名为伊斯坦布尔，统治者准确地抓住了欧洲贸易的新机遇，积极吸引伊斯兰世界的知识分子。尽管伊斯坦布尔的影响力在历史上经历过消涨，但其优越的地理位置对于那些致力于推动向外发展的统治者而言都是一笔不可多得的宝贵财富，在具有开拓精神和创新精神的移民中保持着持久的吸引力。

许多后来的全球城市发展正如沃尔特·雷利（Walter Raleigh）爵士的格言所描述，“谁控制了海洋，谁就控制了贸易；谁控制了贸易，谁就控制了世界”[②]。在前现代社会中，城市间

---

① Robert Clifford Ostergren and Mathias Le Boss. The Europeans：A Geography of People，Culture，and Environment（London：Guildford Press，2011）.

② Quoted in Karl Moore and David Charles Lewis，The Origins of Globalization（New York：Routledge，2009），p. 57.

的竞争是一个主要特征。例如，在9—10世纪的伊斯兰世界中，阿拔斯王朝*和法蒂玛王朝*彼此对抗，双方首都巴格达和开罗之间便展开了激烈的竞争。尽管政局不稳，但开罗仍成功地击败了巴格达，与拜占庭帝国和南欧建立了贸易联系（见专栏3-3）。具有保障贸易商路的统治能力和自由开放的思想风气使开罗吸引了众多来自伊斯兰世界的知识分子，而同时代的欧洲却完全被隔绝在全球化浪潮之外。

**专栏3-3　　世界贸易之都：10世纪的巴格达**

如果说罗马是通过军事征服而成为全球城市的，那么巴格达则是因为被征服而成为全球城市。在8世纪伊斯兰势力席卷中亚后，巴格达成为由伊斯兰帝国建立的众多城市之一。由于临近底格里斯河和幼发拉底河肥沃的冲积平原，巴格达的商贸往来十分繁荣，在前现代世界中很长时间都是最富有和规模最大的城市之一。在10世纪的巅峰期，巴格达的总人口超过了100万。

---

* 阿拔斯王朝（Abbasids），阿拉伯帝国的第二个世袭王朝，在中国典籍中称为“黑衣大食”。750年取代倭马亚王朝，定都巴格达，在该王朝统治下，中世纪的伊斯兰世界达到极盛，1258年被蒙古帝国所灭。——译者注

* 法蒂玛王朝（Fatimids），北非伊斯兰王朝，在中国典籍中称为“绿衣大食”。909年建立，969年征服阿拉伯帝国统治下的埃及，随后迁都开罗。1171年被阿尤布王朝所取代。——译者注

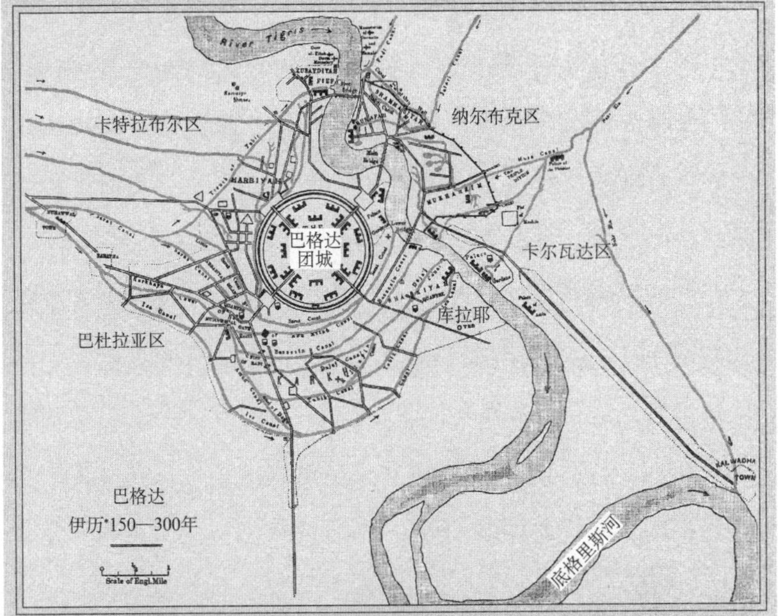


古代巴格达的地图

10世纪末，亚欧之间的贸易商路大部分在统一的阿拔斯帝国境内，从大西洋沿岸一直到达中国边境。以巴格达为中心形成了一个由军事力量保障的政治环境稳定，具有统一货币、贸易规则和习俗的开放市场腹地，极大地促进了贸易繁荣。巴格达被建设成帝国的政治首都，向全世界展示着伊斯兰的权力与财富。在帝国的保障下，货物、贡品、人口和税收源源不断地涌入巴格达。

* 伊历纪年＋622－伊历纪年/33＝公历纪年。——译者注

巴格达拥有的巨额财富以及其对商人和游客的开放使它成为全球思想和创新的中心。宗教与政治领袖对新思想和新移民保持着宽容的态度，特别是对犹太教教徒、拜火教教徒和基督教教徒，从而推动了医学、数学、光学、天文学和哲学的巨大进步。当时的欧洲王国与巴格达相比完全判若云泥，这种对世界的开放性和适应性，以及对知识的渴求都是欧洲所不具备的。然而，巴格达也面临着来自传统伊斯兰知识和商业中心——开罗和亚历山大的竞争。因宗教差异和军事动乱使伊斯兰世界四分五裂，包括丝绸之路在内的巴格达赖以繁荣的很多贸易网络被迫中断。最终，巴格达被崛起的中亚民族部落攻陷，从此在全球舞台上没有再现旧日的荣光。

## 中美洲

不仅只有亚欧大陆和北非的城市具有卓越的贸易能力和强烈的贸易动机。在哥伦布发现美洲大陆之前，中美洲的城市便已拥有大的区域贸易体系，但高昂的运输成本阻碍了贸易联系与合作的持久性发展。今天墨西哥城附近的特奥蒂瓦坎* 在欧洲 1—2 世纪初期正值巅峰，是一个经过统一规划的大都市，

* 特奥蒂瓦坎（Teotihuacan），位于今天墨西哥境内的古城，始建于公元前 200 年，代表着与玛雅文明同期的古印第安文明，公元 750 年灭亡。——译者注

拥有10万人口。贸易依靠步行交通，主要从事黑曜石和石制工具等城市手工制品与剩余农产品交易。

在中美洲，特别是在15世纪的阿兹特克帝国时期，一大批名为波奇泰卡*的专业商人组成了统一的商业行会，他们主要在城市之间从事质轻价高商品的长途贸易，这些贸易往往带有一定的风险性。他们负责监督市场运作和提供金融、零售和批发服务。

在世界其他地区也出现了许多伟大的城市，如玛雅帝国的蒂卡尔*、科潘*和帕伦克*，奇穆帝国的昌昌*，印加帝国的库斯科*等。这些城市海拔较高，不依赖于水上或海上交通，陆路长途贸易也不发达。尽管一些城市也具有便捷的道路网络，并拓展了贸易范围，但城市之间的交流仍主要集中在思想

---

* 波奇泰卡（pochteca），特指阿兹特克帝国时期的从事长途贸易的商人，原意是“从吉贝树（Ceiba-tree）之地来的人”，他们主要从索科纽斯科处取得珍贵的异国奇珍，然后进贡皇室。为了不引起他人觊觎这些珍宝，波奇泰卡商人通常在夜间才伺机进城。此外，他们还担任间谍，负责帝国中枢与被征服地区之间的情报联络。——译者注

* 蒂卡尔（Tikal），玛雅文明中最大的遗弃都市之一，坐落于今天危地马拉境内，始建于公元前1世纪，在公元200—850年达到顶峰。——译者注

* 科潘（Copan），位于今天洪都拉斯境内的玛雅古城，始建于公元前7世纪，是古代玛雅人的宗教与政治中心之一，到公元13世纪被彻底遗弃。——译者注

* 帕伦克（Palenque），位于今天墨西哥境内的玛雅古城，始建于公元前1世纪，在公元7—8世纪发展到顶峰，是玛雅文明古典时期最重要的城市之一，进入9世纪后与玛雅其他古城一样被遗弃。——译者注

* 昌昌（Chan Chan），位于今天秘鲁境内的奇穆王国都城，在奇穆语中意为“太阳、太阳”，是奇穆文明的中心，始建于9世纪，到15世纪逐渐消亡。——译者注

* 库斯科（Cuzco），位于今天秘鲁境内的印加古城，是印加帝国的摇篮，始建于11世纪，16世纪随着印加帝国的衰落而衰落。——译者注

和技术上，包括作物种植技术、文学和宗教思想等方面。最终，城市间的区域贸易难以为继。虽然对此存在着多种解释，但很显然环境破坏、资源短缺、社会分隔和欧洲殖民者的入侵都是这些城市最终消亡的重要因素[①]。

## 欧洲商业经济浪潮：1150—1350年

在11—12世纪，一波新的全球化浪潮兴起，并被称为“商业革命”。随着人口与城市化的发展，两个城市体系逐渐形成：一个是以波罗的海和北海沿岸国家组成的贸易体系，另一个则是意大利城邦国家间依靠航运、商业和金融联系起来的日益繁荣的贸易体系。这是一个多种治理体系并存的时代。随着城市的壮大，它们成为拥有军事实力的独立或半独立的实体。这一时期全球化浪潮的特点是强大的商人阶级主导着市场经济，并在城市领导层中发挥积极作用。

意大利城市利用地缘政治机遇扩展了贸易和金融服务的范围。特别是威尼斯在拜占庭帝国获得了特权，与教皇的关系也更为密切。农业技术创新带来的劳动力过剩使意大利城市中工匠和贸易商人数量大增。贵族也搬迁到城市中，成为制造商或金融家，他们与商人一起在会计、金融工具、商业法律和企业管理等贸易领域中不断创新与改进。随后，丝绸行业的精细专

① Tellier. Urban World History，pp. 75-93.

业化分工在威尼斯、佛罗伦萨和卢卡等地萌芽、壮大，由最初的生丝进口和设计，到后来丝绸产业的纵向整合，最终形成大规模的丝绸专业化生产，并开始经由阿勒颇、亚历山大和开罗等口岸城市向东方市场出口丝绸制品。意大利城市的成功实践对整个欧洲都产生了影响，到 13 世纪末，佛罗伦萨和热那亚开始铸造金币，而佛罗伦萨发行的货币在欧洲商业和金融市场中占据了主导性地位。

这波全球化浪潮首次卷入了数量如此之多的地区和宗教。珍妮特·阿布路高德（Janet Abu-Lughod）在对从欧洲西北部一直延伸至今天马来西亚和菲律宾的广阔区域研究的基础上划定了八个区域圈①。这也是一个城市在文化、艺术和思想领域取得巨大进步的时代，贸易往来与知识交流高度繁荣。不同区域圈之间通过文化门户城市（例如西方的威尼斯和东方的马六甲）进行跨区域的交流。在 13 世纪蒙古铁骑横扫亚欧大陆后，出现了和平的地缘政治机遇，推动了中东港口与陆路交通枢纽城市的发展与全球化，位于今天伊朗境内的大不里士* 便是其中的代表。该城市在 13 世纪是全世界最国际化的城市之一，吸引着大量欧洲商人来此从事黄金、丝布制品和宝石的贸易。

---

① Janet Abu-Lughod. Before European Hegemony：The World System A. D. 1250-1350（Oxford University Press，1989）.

* 大不里士（Tabriz），位于今天伊朗境内的古城，中国古称桃里寺，13—14 世纪时期曾是伊儿汗国首都，17 世纪曾是萨法维王朝的首都。——译者注

即便是在500年后，该城市仍然拥有独立的商人阶层，并因此著名①。

尽管黑死病的肆虐摧毁了在这一波全球化浪潮中涌现出的许多全球城市，但在对自由贸易的共同渴望下，汉萨同盟高度发达的城市网络以及南欧的全球城市却得以继续发展至15世纪。因此，此次全球化浪潮对于后来现代资本主义在全球的扩张与成功至关重要。

## 后哥伦布时代的全球化浪潮：1500—1650年

从大约1500年起，在前一波全球化浪潮中涌现的全球城市在发展中开始经历种种波折。很多城市面临农业收入持续减少和卷入宗教战争的困境。意大利和伊比利亚的城市则面临手工制造业衰退、无竞争力的工资，以及东方商品市场份额减少等问题。而与南欧城市面临的困境形成鲜明对比，北欧城市却迎来了发展的天赐良机。

新一波全球化浪潮出现了新特点。在主权国家权力增强的背景下，城市开始承担新角色。制图学和造船学的发展有力地促进了城市间的贸易与交流，降低了城市的交易成本。消费的性质也

① Jonathan Bloom and Sheila Blair. Islam: A Thousand Years of Power and Faith (Yale University Press, 2002); Fatema Soudavar Farmanfarmainan. "Politics and Patronage: The Evolution of the Sara-ye Amir in the Bazar of Tehran," in The Bazaar in the Islamic City: Design, Culture, and History, edited by Mohammad Gharipour (American University in Cairo Press, 2012), p. 206.

开始发生变化，一个新的消费阶层出现，他们消费的目的是彰显其社会地位，这极大地刺激了生产和零售的增长①。一个扩大的统一全球市场出现，全球一体化的新概念逐渐形成，人们逐渐认同国际身份，全球城市之间比以往更紧密地连接成一个体系，虽然当时的连接方式更多是呈中心放射状形态，而非网络状形态。

在这一波全球化浪潮中，北欧城市成为最大的受益者。亚欧之间的“大分化”也发生在这一时期，对此人们有着多种解释。其中一种解释便是北欧城市的商人和银行家能够通过法律手段保护他们的投资，并将其资本与个人风险分离，而这在当时的亚洲城市是不可能的。此外，城市发展速度的加快、自治能力的提高以及贸易导向的城市政策也都是造成亚欧发展差异的重要因素②。

另一种重要解释则是殖民主义的兴起和奴隶贸易（见图3-1）。位于今天安哥拉境内刚果河以南的姆班扎刚果*曾是向南美贩卖和运输奴隶的重要城市之一，同时也从事盐、铜、铁、象牙和染料木的出口与奢侈服装和武器的进口。在与里斯本的贸易往来中，城市统治者逐步促进了天主教的传播和民众识字率的

① Pitts and Versluys. “Globalisation and the Roman World,” pp. 3-31.

② Kenneth Pomeranz. The Great Divergence：China，Europe，and the Making of the Modern World Economy（Princeton University Press，2000）（https：//books. google. co. uk/books? id ＝hSxACQAAQBAJ）.

* 姆班扎刚果（Mbanza Kongo），位于安哥拉西北部的古城，现为扎伊尔省的首府，历史上曾是刚果王国的首都。——译者注

提高。16 世纪非洲人控制的商业网络包括罗安达* 和卡巴萨*。然而，由于商业环境恶化和内部动乱，这些城市的长期贸易发展陷入停滞。与此同时，在大西洋彼岸，巴西的萨尔瓦多已成为奴隶的主要输入地。在商业精英的主导下，这座城市成为蔗糖和可可的主要出口口岸，大量奴隶在种植园中劳作。然而由

图 3-1　1500—1650 年间参与奴隶贸易的部分城市

* 罗安达（Luanda），位于今天安哥拉境内，现为安哥拉的首都，是葡萄牙殖民者在安哥拉境内建立的最早的城市。——译者注

* 卡巴萨（Kabasa），位于今天安哥拉境内的古城。——译者注

于过于依赖单一产业，随着黄金和咖啡产业的发展，依靠蔗糖出口的本地经济逐渐衰落，萨尔瓦多也失去了对里约热内卢的影响力[①]。

欧洲城市是这个时代全球城市的主力军，但伊斯兰世界的征服也使一批新城市走向全球化。从16世纪初开始，在莫卧儿帝国的统治下，印度北部城市便被纳入伊斯兰世界的势力范围。统一的商业惯例、共同的习俗和宗教信仰使像德里这样的城市紧密地融入亚欧贸易体系中，特别是在纺织品出口领域。在英国东印度公司投资建厂的助推下，艾哈迈达巴德[*]和阿格拉[*]也日益繁荣起来，包括德里，三座城市的总人口曾达到40万。与此同时，孟买以北近200英里的苏拉特成为当时世界上最大的港口，拥有15万人口，一度是印度最富有的城市。贸易的巨大利润催生了高度复杂的专业化分工，制造业和手工业的发展增强了城市间的相互依赖。毗奢耶那伽罗[*]也曾是印度的主要宗教与贸易中心之一，它与中国、南非和缅甸的港口之间保持着贸易往来，掌握着令人惊叹的巨额财富。据很多学者估

---

① Jorge Canizares-Esguerra and others. The Black Urban Atlantic in the Age of the Slave Trade（University of Pennsylvania Press，2013）.

* 艾哈迈达巴德（Ahmedabad），位于今天印度境内的古城，现为古吉拉特邦的第一大城市。——译者注

* 阿格拉（Agra），位于今天印度境内的古城，在1526—1658年间曾是莫卧儿帝国的首都。——译者注

* 毗奢耶那伽罗（Vijayanagar），位于今天印度境内的古城，曾作为毗奢耶那伽罗王朝的首都。——译者注

计，这些印度城市创造财富的能力与同时代欧洲那些最发达的城市不分伯仲[①]。

在这波全球化浪潮中，安特卫普和阿姆斯特丹成为在欧洲大陆上涌现出的最重要的全球城市。当时，统治安特卫普的哈布斯堡王朝正在快速扩张，而安特卫普则精明地凭借其作为王朝对外门户的区位优势成功完成了崛起。1453 年，君士坦丁堡的陷落中断了东西方之间的商路，削弱了威尼斯和热那亚在国际贸易中的地位。而斯海尔德河则让安特卫普成为通往西欧内陆航线的门户。当附近的布鲁日港被淤泥阻塞后，安特卫普的商人们在羊毛和织物贸易中获得了越来越多的收益，从东印度群岛而来的、满载着香料的葡萄牙商船也开始在安特卫普港停靠。到 15 世纪中叶，安特卫普已经成为波罗的海、北海、意大利北部、法国和神圣罗马帝国之间的贸易枢纽。几十年后，该城市拥有了全欧洲最大的证券交易所和银行。

当被并入西班牙哈布斯堡帝国版图时，安特卫普获得了明显的地缘政治优势。这一优势使这座城市获得了优先进入统一大市场的机会，成为西班牙人从美洲殖民地向欧洲运送

---

① Aparna Banerjee. “Trade and Urbanisation in pre-independent India：A Historical Perspective，” Journal of History and Social Sciences 3，no. 1（January-June 2012）；Sanjeev Sanyal，Land of Seven Rivers：History of India’s Geography（London：Penguin，2012）.

白银和其他贵重商品的口岸。在巅峰时期，世界40%的贸易要经过安特卫普。这才是欧洲真正的全球城市，拥有雄心勃勃且开明的商人阶层。贸易带来的巨额财富使该地区城市化率达到了30%。到了16世纪60年代，城市总人口达到10万人，但随后由于西班牙人将大西洋贸易的口岸改为塞维利亚港，财富开始转移到西班牙，安特卫普走向衰落。在荷兰独立战争和宗教冲突中，安特卫普又遭到多次围城与洗劫。尽管它凭借商业精神日渐复兴，但却再没有重现当年的辉煌[①]。

17世纪，阿姆斯特丹取代了安特卫普和热那亚，成为欧洲主要的商业城市，研发出许多支撑今天全球城市的技术。由于侵犯了强大的本地商人的利益，西班牙精英统治被推翻，荷兰商人获得了更多自由。不久后，由于西班牙对安特卫普的封锁，商人们带着资本纷纷迁往阿姆斯特丹。

这个新教徒之城因安全的港口、稳定的政治环境和发达的内陆水道而获得了快速发展的机会。阿姆斯特丹通过建立完善的产权保护制度进一步增强了其吸引力，城市对所有商人实行平等保护政策，无论他们来自哪里，并依据标准的制度规范进行管理。

---

① Oscar Gelderblom. Cities of Commerce：The Institutional Foundations of International Trade in the Low Countries，1250-1650（Princeton University Press，2013）；Mary Lindemann. The Merchant Republics：Amsterdam，Antwerp，and Hamburg，1648-1790（Cambridge University Press，2015）；Tellier. Urban World History，pp. 75-93；Alex Woolf，A Short History of the World（London：Arcturus Publishing，2012）.

对计息贷款的放松管制激励了包括海运保险在内的现代金融业的蓬勃发展，阿姆斯特丹也成为欧洲物流中心和贸易融资平台。

此外，阿姆斯特丹还建立了荷兰东印度公司与强大的海军，以保障海上贸易商路的安全，并将贸易触角一直延伸到日本、印度尼西亚、印度和美洲。造船商创新地使用新材料，大幅降低了货船成本和售价，从而大大降低了运输成本。阿姆斯特丹对供应链具有极强的控制力和影响力，使其能够在价格战中通过薄利多销的方式击败潜在竞争对手，垄断胡椒、茶叶和蔗糖等进口贸易。然而，18 世纪欧洲大陆上频繁的战争以及英国海上霸权的崛起使伦敦最终取代了阿姆斯特丹的霸主地位。不过阿姆斯特丹时代还是为我们留下了诸多宝贵的专业技术与制度遗产，今天仍值得我们学习与借鉴。

## 重商主义浪潮：1650—1760 年

17—18 世纪初，伴随着在重商主义* 制度下欧洲经济和军

---

* 重商主义（Mercantilism），盛行于 16—18 世纪之间的经济理论，其目标是最大限度地使国家富足与强盛，强调积累贵金属货币和对外贸易的重要性，将黄金、白银看作财富的唯一形式，认为财富的真正源泉是对外贸易，要获取更多的金银财富只有通过出超，因此主张在国家的支持下发展对外贸易。重商主义建议政府为达到这一目标，应该通过鼓励出口限制进口，扮演积极的、保护主义的角色，特别是使用关税保护小企业。重商主义认为国家间关系属于零和博弈。即财富是一定的，己方得到的相对更多的财富必须建立于其他国家损失的基础上。所以一个国家要改变或改善自己的国际地位，就只有掠夺别国的财富。简言之，重商主义是民族主义在经济上的一种形式。——译者注

事强国的扩张，新一波全球化浪潮拉开了帷幕，主要表现出两大特征。第一大特征是奴隶制和奴隶贸易的扩展。布里斯托、布宜诺斯艾利斯、查尔斯顿、拉各斯、利物浦、纽约等城市均参与到奴隶贸易中。例如，拉各斯在18世纪中叶已经被英国殖民者建设成为殖民地主要的国际港口[①]。

第二大特征是金融服务业的兴起，金融管理、借贷和投资等金融服务史无前例地重塑了城市。此外，前工业化制造业迅速发展，城市治理中民主化趋势初露端倪，亚欧之间经济发展差距日益拉大，这些都出现在这一波全球化浪潮之中。

尽管西方涌现出以伦敦为代表的全球中心城市（见专栏3-4），但世界其他区域也在日益融入全球化浪潮。在17世纪50年代莫卧儿帝国的巅峰时期，印度北部便已出现了一些当时世界上规模最大和最具国际化的城市，在这些文化熔炉中融合了波斯、突厥、中国和印度等文化。印度南部的城市依托巨大的本地市场和印度洋上繁荣的商路也形成了成熟的贸易网络。然而，自18世纪起，外来侵略和殖民化重塑了印度城市的地理环境，也破坏了原有全球化发展的土壤。

---

① Kirsten Mann. Slavery and the Birth of an African City：Lagos 1760-1900（Indiana University Press，2007）.

### 专栏3-4　伦敦：国际证券交易所、保险业和银行业的演变

伦敦一直以来都是贸易中心。它位于泰晤士河河口，非常适合从事与欧洲大陆之间的贸易。16世纪，亨利八世的汉普顿宫的挂毯供应商理查德·格雷沙姆（Richard Gresham）认为，伦敦也应该像安特卫普那样拥有一个专业交易所。理查德的儿子托马斯（Thomas）提出，如果市政府能提供土地，他将出资建造伦敦交易所。交易所在1666年的伦敦大火中被烧毁，之后被重建为皇家交易所，商人们在交易所中从事股票和商品交易。18世纪初，当地咖啡馆也成为皇家交易所交易大厅的场外延伸空间。18世纪70年代，皇家交易所正式更名为证券交易所。

此外，伦敦也是率先实现保险业专业化的全球城市之一。对于价值高昂的船舶和货物的保险需求激增，以及准确航运信息的进步刺激了海上保险业的发展。到1774年，保险公司和经纪人租下了皇室交易所整个两层空间作为其办公场所。

1810年的皇家交易所

除了贸易和保险业外，随着英王亨利八世在16世纪废除了高利贷法并允许计息贷款，伦敦现代商业银行体系开始形成。意大利商人对银行业早期发展产生了重大影响，他们创造了许多行业词汇，如现金、债务人、债权人和账簿。当查理一世霸占了皇家铸币厂的所有黄金后，极大地损害了皇家铸币厂作为私人财产保险箱的信誉，于是很多私人银行家开始纷纷自持黄金或白银。这些银行家创建了多家伦敦最负盛名的私人银行机构，其信誉通过在伦敦和其他全球城市的分散储备和监控来维护。伦敦的分散式金融创新模式有力地弥补了阿姆斯特丹的集中式金融模式的不足。

为管理皇室的财政和债务，英格兰银行于1694年正式成立，并在整个18世纪主宰了英国银行业。到18世纪50年代，伦敦已成为一个极具创新性的金融中心，与阿姆斯特丹形成了相互共生的关系。但是英格兰银行的公司架构使伦敦更具竞争优势，因为其股本是集中的，而不是像荷兰一样在港口城市间分配。这样就可以让英格兰银行和新东印度公司在必要时增加股本，以满足股东们的需求。后来，伦敦人口逐渐增长到100万，而阿姆斯特丹则停滞不前。

## 本章小结

从对前现代全球化浪潮中城市发展的简要回顾可以看出，

外向型城市的发展机遇并非静止不变，过去全球城市网络的影响因素往往具有共性，包括贸易产业发展情况、突破性创新、国内政治混乱以及气候变化等。图 3－2 将 20 个参与了历次全球化浪潮的全球城市放在同一条时间轴线上，其中有些城市逐渐转向外向型发展模式，有些城市则在发展时机再次到来时抓住机遇重新融入全球贸易体系。那些能够在历次全球化浪潮中始终屹立不倒的城市往往具有一定的共性，它们都有强烈的外向型发展动机，并积极参与长途贸易。

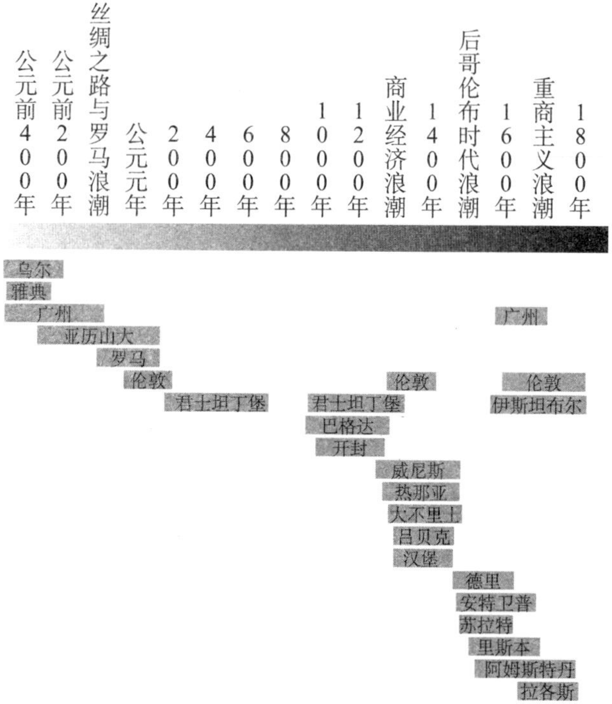


图 3－2　全球城市发展的时间轴线

- 贸易与交通网络

在前现代世界，许多城市在从事特定商品和服务的贸易过程中积极在贸易商路沿线拓展业务，实现专业化分工。贸易是推动全球化最关键的因素，决定着哪些类型的城市将在全球竞争中脱颖而出。基本农产品、自然资源和自然资本往往是推动城市参与国际贸易的动力。9 世纪，茶叶贸易推动了印度和中国城市的发展，蔗糖贸易促进了欧洲和亚洲的全球化进程①。棉花生产将多元类型的城市卷入其中，例如孟买、曼彻斯特和萨凡纳。丝绸、染料、铁、烟草和木材对 17—18 世纪涌现的全球城市也非常重要。

- 具有开拓精神的人口

在早期全球化浪潮中，人口增长与流动性增强是全球城市出现的重要推动力。赛西亚人向西亚和中亚的开拓对长途贸易的发展起到了巨大推动作用。在前工业化的欧洲，大量进城农民加速了经济转型以及贸易范围的进一步扩大②。

- 创新与影响

传播思想的能力是衡量早期全球城市软实力和硬实力的关

① Peter N. Stearns. Globalization in World History（New York：Routledge，2010）.

② Alison Rowland. “The Conditions of Life for the Masses，” in Early Modern Europe：An Oxford History，edited by Euan Cameron（Oxford University Press，2001），pp. 31-62.

键指标。全球城市之间往往因为共同接受的新概念和哲学思想而更加紧密地连接成一个整体。在中世纪和现代文明早期，共同的宗教信仰无疑是推动历次全球化浪潮的一支重要暗流。

- 探索发现

新大陆和新航路的开拓成为全球经济动力快速变化的催化剂。1498 年开辟的经由好望角到达印度的商路使葡萄牙、荷兰和英国城市崛起以及地中海城市相对衰落，亚欧市场之间的联系也更加紧密。领土扩张和殖民化为建立全球城市体系奠定了基础，使针对新产品的贸易得以发展，并有助于跨越语言障碍建立新的贸易联系。

- 地缘政治机遇

长期的和平、地缘政治冲突的减少或军事力量平衡的变化推动新的城市登上全球舞台，例如在古罗马帝国时期。随后在8—11 世纪，伊斯兰世界的对外征服以及税收和朝贡体系对全球经济都产生了巨大影响。① 显然，在社会动荡时期，有能力提供安全、稳定环境的城市常常会吸引大批商人、企业家和新移民。在欧洲，这些城市常常成为连续几代人躲避战乱与迫害的避难所。但硬币的另一面是，地缘政治的改变和恶化也会使全球城市严重偏离原有的发展轨道。军事行动失败、盟友丧失

① Frankopan. The Silk Roads.

或在所在区域内长期被边缘化都会使历史上那些领先的全球城市衰落，代表城市如巴格达、威尼斯和安特卫普。

在18世纪末期以前的前现代世界中，每一波全球化浪潮都有各自的特点。一些城市处于领先地位，多元思想在那里诞生，商人、军队和政府则各自发挥着特定作用。这段丰富的历史表明，我们所提炼出的五大要素越来越多地成为早期全球城市的共同特征，尽管几个世纪之后这五大要素才被归纳完整。

# 第四章　全球城市的历史Ⅱ：现代城市

对于很多城市历史学家而言，现代的全球化时代始于工业化，它以前所未有的速度和规模快速地发展。虽然商品贸易的全球化早在工业时代前便已出现，但工业化却真正重塑了整个社会，而不仅是高收入阶层的品位。到 18 世纪末，国家政府已能更有效地管理全球贸易，减少贸易风险，提高运输安全性。这些都构成了随后历次全球化浪潮的前提条件，其中涌现出的全球城市在贸易专业化分工中的国际化程度更高，城市人口更多元，商业创新能力也更强。

## 首次工业化浪潮：1760—1850 年

全球化的转折点出现在 18 世纪末，是地缘政治与技术创新共同作用的结果。在七年战争* 中取得胜利的英国加强了对

---

* 七年战争发生在 1754—1763 年间，主要是西方殖民主义国家为争夺海外殖民地进行的一场战争，英国、法国、西班牙、普鲁士、俄罗斯、奥地利等国均参与到这场战争中，战场覆盖了欧洲、北美洲、中美洲、西非、印度和菲律宾，最终英国成为这场战争的最大赢家，通过《巴黎和约》从法国手中获得了加拿大和印度的控制权，为日不落帝国的建立奠定了基础。——译者注

印度的控制权，建立了一个更全面的殖民体系，为英国的工业发展创造了有利的环境。1771 年，第一台由水力驱动的棉纺织机问世。同时，在北美洲和中美洲的殖民地争端也愈演愈烈。

在这样的环境下，大英帝国的一些城市开启了新一轮全球化浪潮。毫无疑问，由伦敦管理的奴隶贸易为英国帝国主义和工业化提供了财政上的重要支持，而在殖民地中像巴巴多斯的布里奇敦和牙买加的金斯顿这样的城市则要服从于帝国的需要。随着大英帝国向东扩张，开普敦、加尔各答和香港也融入了全球化进程，其中在加尔各答主要建立了重商主义制度，而香港则成为贸易自由港。在东非，蒙巴萨成了与印度和阿拉伯半岛从事海上贸易，以及与东非地区从事长途陆路贸易的重要港口[①]。广州也成为一个面向全球贸易开放的城市（见专栏 4 - 1）。

**专栏 4 - 1　　广州：被迫开放的全球城市**

近 1 000 年来，广州一直是中国通往中东、印度、东南亚等地的海上口岸。在明朝，闭关锁国政策使广州的口岸功能受到了人为的限制。18 世纪末，广州成为当时中国与欧洲商人进行海上贸易的唯一港口，但仍受到严格控制。

在 1760 年后的 80 年间，在所谓的“广东体制”下，广

① Feisal Farah. “The Metamorphosis of Slavery in Colonial Mombasa，1907-1963，” in Slavery in Africa and the Caribbean，edited by Olatunji Ojo and Nadine Hunt (London：IB Tauris，2012) .

州部分向外国商人开放，但受到政府的严格管制。清政府专门委派了官员对外汇交易进行监管，以确保华商商会能保持垄断地位。该体制只允许外国商人居住在广州城外的特定区域，并且要求他们不得与当地人接触，所有进出口货物的价格均受到严格控制。这些都对海外商人非常不利，因为进口货物的价格被压得很低，而出口货物的价格却被人为地抬高。

随着茶叶于18世纪末风靡欧洲，它也成为中西贸易中最具价值的商品。由于清政府愿意接受白银作为主要货币，当时欧洲人几乎拿出了所有白银来广州购买茶叶，这也为广州后来的黑暗时代埋下了伏笔。依托于出众的商业和军事实力，西方殖民者开始利用广州口岸向中国大量非法贩卖鸦片，以扭转白银大量外流导致的贸易逆差。随着越来越多中国人开始吸食鸦片，清政府试图遏制这种局面，并切断了中西贸易。随即西方殖民者对中国采取了军事行动，在1840—1842年间挑起了鸦片战争，强迫战败的清政府向西方殖民者开放广州和其他四个通商口岸。由此，广州从一个由中国控制的全球口岸转变为一个由外国势力控制的政治“飞地”，成为一个在外来武力胁迫下被迫向世界开放的全球城市。

大英帝国对全球城市的巨大影响是史无前例的，许多当年帝国版图内的全球城市至今仍在全球舞台上具有很大的影响力。伦敦、纽约、香港、新加坡、悉尼、孟买、上海、多伦多、开普敦和波士顿都是在大英帝国的统治下成了全球城市。

基础设施的连通往往是全球城市的催化剂，其中最具代表性的城市之一便是纽约。1825 年，纽约市的政治家与商人结成了增长联盟，开始修建伊利运河，将纽约市与五大湖和美国中西部连接起来。这条水路的贯通推动了当地制造业和贸易的飞速增长，新兴的金融业和保险业为刚建国不久的美国注入了发展活力。由于交通连通性的增强，纽约在资本力量上全面超越了费城①。

在英国，像利物浦、布里斯托和伯明翰这样的城市也因为能利用帝国的海外市场及全球影响力而繁荣起来②。曼彻斯特成为世界上第一个全球性工业城市。大英帝国的首都伦敦在 1840 年人口达到了 200 万，超越了此前由北京保持的人口纪录。在欧洲，一批城市因受惠于前所未有的城市发展和工业扩张而获得了快速发展的机遇。在这一波浪潮中实现全球化的欧洲城市具有一些共同的基础条件，包括：具有贸易的历史传统和专业知识，位于主要河流或海洋的港口区位，以及拥有丰富

① Tellier. Urban World History.

② Tristram Hunt. Ten Cities That Made an Empire（London：Penguin，2014）.

的煤、铁、水等自然资源。基于这些基础条件，毕尔巴鄂、不来梅、莱比锡、谢菲尔德和都灵建立起高度发达的制造业经济实体，专门从事机械、机床、造船等制造业领域。这些城市吸引了大量制造业产业工人，在公共服务、教育和市民机构建设等方面具有很多制度创新。

此外，此次全球化浪潮中的另一些城市则发展成为艺术创作中心。例如，维也纳汇聚了众多知识分子和充满创作热情的艺术家，孕育出莫扎特、海顿和舒伯特等古典音乐天才。音乐是这座城市的文化瑰宝，影响着欧洲其他城市。1814—1815 年的维也纳会议*重新绘制了欧洲政治版图，当时维也纳的外交影响力如日中天。作为奥匈帝国的首都，维也纳成为该地区投资者们的天堂以及各国移民的避风港（见图 4 - 1）。到 1900 年，维也纳有 60%的人口出生在外国①。

---

* 维也纳会议是 1814 年 9 月 18 日—1815 年 6 月 9 日在维也纳召开的一次欧洲列强的外交会议。这次会议主要由奥地利帝国外交大臣梅特涅提议和组织，其目的在于重划拿破仑战败后的欧洲政治版图。在会议上建立了维也纳体系，保持了欧洲此后数十年的和平。——译者注

① Steven Beller. Vienna and the Jews，1867-1938：A Cultural History（Cambridge University Press，1989）；European Foundation for the Improvement of Living and Working Conditions. Housing and Segregation of Migrants—Case Study：Vienna，Austria（2009）(www. eurofound. europa. eu/sites/default/files/ef _ files/pubdocs/2009/496/en/1/EF09496EN. pdf)；Robert Musil. "The Evolution of a Global City：Vienna's Integration into the World City System，" in Globalization and the City：Two Connected Phenomena in Past and Present，edited by Andreas Exen-berger and others（Innsbruck University Press，2013），pp. 141-162；C. M. Peniston-Bird. World Bibliographical Series：Vienna（Santa Barbara，CA：ABC-Clio，1997）.

图 4-1　1895 年维也纳的格拉本奢侈品购物街

图片来源：约瑟夫·洛伊（Josef Löwy）拍摄（维基共享）。

## 大工业化浪潮：1850—1914 年

在第一次世界大战之前，经济全球化浪潮的快速扩张已持续了数十年。在这波浪潮中涌现出的很多全球城市都来自美国，它们在很大程度上实现了差异化发展和专业化分工，复杂的工业门类和第二波移民潮都为城市带来了多元的社会与文化特征。纽约市发展高端服务业和消费类行业，芝加哥是重工业中心，而洛杉矶则转向发展石油业和文化创意产业（见专栏 4-2）。具有开拓精神的多元化人口在其中发挥了不可或缺的重要作用，纽约成为外国移民劳工进入美国的主要门户。数以千万计的移民来到这座城市，其中绝大部分来自欧洲。很多人定居于此以追求更好的生活，纽约成为当时世界上人口规模最大的国际化大都市。在这一波由美国城市主导的全球化浪潮中，基础设施发挥着关键性推动作用。运河、铁路、水网、高速公路和污水处理系统的建设为持续半个世纪的高速增长奠定了物质基础[①]。

**专栏4-2　　洛杉矶：全球娱乐之城**

洛杉矶是19世纪末全球化浪潮中发展最迅速的城市之一。随着1876年从洛杉矶到堪萨斯城的铁路通车，美国西海岸建立了与中部的经济联系。因其地势平坦便于修建铁路和公路，洛杉矶逐渐超越了旧金山，到20世纪40年代已经成为美国第二大全球城市。

在19世纪90年代，农业萧条成为洛杉矶向多元化发展的契机。在积极的商业游说下，洛杉矶获得了联邦政府的拨款，用以建造一条渡槽和一个深海港口，因此它也成为美国距离新巴拿马运河最近的港口城市。到20世纪20年代末，洛杉矶港口货物吞吐量已达到2 600万吨，同时也形成了航空业和汽车产业集群，而石油的发现使其成为全球重要的石油产地。洛杉矶还是来自中国、日本和墨西哥的移民的主要目的地，到1920年，城市人口达到了100万。

① Christopher Kennedy. The Evolution of Great World Cities：Urban Wealth and Economic Growth（University of Toronto Press，2011）.

石油业、飞机制造业和电影业帮助洛杉矶建立并维持全球影响力。舒适的气候与优美的风景为洛杉矶发展电影业创造了自然条件。1911 年，好莱坞的首个电影工作室创立。到 20 世纪 30 年代，电影业已发展成为全球文化产业，为城市提供了最多的就业岗位，拥有 30 000～40 000 从业者。洛杉矶因此成为 20 世纪的文化之都之一，并将美国梦营销至全世界。

1922 年的好莱坞电影工作室

在全球化浪潮中，城市也是发明创造的场所。在 19 世纪 60—70 年代，科技取得了巨大进步，亚历山大·帕克斯在伯明翰发明了塑料，路易斯·巴斯德在巴黎发展了灭菌工序，亚历山大·格雷厄姆·贝尔在波士顿的一间实验室内发明了电话，查尔斯·帕森斯在纽卡斯尔发明了首台蒸汽轮机。这些科技创新使北美和欧洲许多城市的工业和城市形态发生了巨大变化，也加快了思想和创新的交流。

## 二战后全球化浪潮与全球贸易的复兴：1945—1973年

第二次世界大战之后，出现了新一波全球化浪潮。地缘政治变迁和美国海外投资为许多商业导向型城市提供了高度专业化分工的契机。得益于极富远见的城市领导者，此次全球化浪潮中的很多城市成功实现了复兴，并通过预先规划有效避免了全球城市之间的恶性竞争。

慕尼黑、多伦多和东京都是其中的代表性城市（见专栏4－3）。这些城市能够取得上级政府的支持，充分利用有利的政治环境实现集约化、组织化、现代化的建设。在此番浪潮中，企业成功的关键在于充分利用强大的知识平台，研发出成功的出口商品。涌现出的全球城市一直将其优势保持到了20世纪70年代中期，那时它们业已拥有较强的核心竞争力。虽然这些城市在过去25年中经历了发展放缓甚至经济衰退，但却成功地保留了知识和创新文化，足以支撑其在全球领域的专业化优势。

在这一波全球化浪潮中，最引人瞩目的城市非新加坡莫属，它是全球城市中唯一的完全独立自主的城市国家。在1965年独立之前，新加坡的经济前景充满不确定性。传统的转口贸易已开始衰落，制造业发展停滞不前，住房和道路迫切需要进行现代化建设。但新加坡第一任总理李光耀在困难面前并没有却步，相反他果断制定了劳动密集型的工业化政策，并向海外资本完全开放。为此，新加坡政府给予工业投资者税收优惠，改善劳动纪律和技能培训，积极引进国外专业知识，推动工业技术专业化。此外，新加坡充分利用其作为一座多语言城市的优势巩固贸易和交通枢纽功能，加强与东西方的联系，建立强有力的西方法律体系。自从晋升为全球城市后，新加坡仍致力于通过国家主导的政策和项目来适应全球市场，鼓励轻工业制造和高科技研究投资。特别是经济发展局（Economic Development Board）和建屋发展局（Housing Development Board）能有效利用大型公共机构，在全市范围内建立有效的管理制度。新加坡经验向世界展示了新晋全球城市该如何克服固有劣势，以及如何在全球经济中最大限度地发挥优势。今天的新加坡已经以全面的繁荣态势、稳定的开放格局、深度的协作网络以及前沿的发明创新，综合展示出全球城市的许多典型特征，并成为其他渴望实现全球化的城市借鉴和学习的对象。

**专栏4-3　　东京：从巨型都市到全球城市**

在非常不利的地缘政治环境下，东京在1945年之后逐渐发展成为一座全球城市。东京的经济发展战略依托于工业的快速扩张，这得益于国家和私人企业之间的密切联系，并催生出众多工业企业集团。随着日本中央银行提高贷款限额，东京的企业能够利用先进生产技术制造出大量出口商品，奠定了日本首都作为主要工业和商业中心的地位。东京的全球化道路更多依赖于国家层面的战略性改革，而非城市层面，因此更多是自上而下的。这成为许多亚洲后发国家实现城市全球化的早期模式。

在20世纪70年代，东京开始了产业转型，从大规模批量生产转向高科技专业化分工，大型企业与中小企业之间形成了利益链条。国家对进口和外国投资的严格控制使东京经济的主导权牢牢掌握在日本企业手中，而这些日本企业的资金则主要来自日本的银行。东京不仅是全球会议和文化中心，而且更为国家出口行业提供了一个非常成功的平台。1975年，在日本500强企业中，只有33家是跨国公司。20世纪80年代，时任日本首相的中曾根康弘开始推行经济自由化改革，东京首次开始考虑其在全球竞争中的发展策略，很多东京的大企业和金融机构开始向海外拓展业务。日本政府和东京政府均重申了希望继续保持东京作为顶级全球城市的雄心，它们一改过去疏解首都功能和去中心化的政策，启动了拓展中央商务区的特区计划项目，旨在容纳更多跨国公司和企业。如今，东京治理的主要目标已变成减少僵化、刚性的国家政策对城市发展的制约，提高城市在快速变化的亚洲城市在具体系中的应变能力。

有组织性的制度文化中，创新已成为东京能够在全球出口中立于不败之地的核心竞争力。这座城市吸引了大量日本精英，同时得益于学术界与商界之间的良好关系，日本教育机构的教育和培训也保持着一贯的高水准。科技研发向商业产品的有效转化反映出东京的学习型社会对市场的深刻理解以及对商业活动的重视。

二战后的全球化浪潮大大推动了去殖民化进程，许多城市从帝国体系中脱离出来。过去，很多全球城市的崛起是由于殖民主义帝国的推动。事实上，伦敦此时恰逢痛苦的战后去工业化时期，港口衰落，对证券交易所、银行业和保险业的监管体制也难以满足新时代要求。尽管伦敦依然吸引着来自英联邦其他国家和地区的移民，但这座城市却面临着人口减少的问题。直到 20 世纪 80 年代中期，伦敦才重新回到全球城市之列。巴黎、马德里和里斯本也以各自的方式保持着区域影响力。

## 信息通信技术推动的新自由主义浪潮：1985—2007 年

1973 年的世界石油危机导致全球经济放缓，不过 10 年后全球经济却迎来了快速增长期。凯恩斯主义的经济发展模式遭到质疑，新的发展理念和解决方案受到广泛关注。20 世纪 80 年代中期，新一波全球化浪潮出现，最初是由少数大城市推动，但随后越来越多小城市开始首次走上国际化之路。

20 世纪 80 年代中期，当少数世界顶级金融中心重新集聚人口、商业和资本时，新一轮全球化复兴浪潮悄然兴起。伦敦和纽约开始扭转人口减少的局面，特别是伦敦 1986 年的金融大爆炸标志着新一代国际银行和商业服务公司的诞生。与此同时，在国家政府的帮助下，城市政府调整监管体系，帮助本土企业打入国际市场，鼓励外商直接投资。金融服务业的全球化推动了大规模市区重建，也鼓励了传媒和研发的多元化发展[①]。

对于东京和新加坡这样的亚洲城市而言，这一波全球化浪潮的特点在于，选择性和战略性的全球化通过自由化改革推动金融业和商业部门国际化的同时，也在极力避免被西方文化过度影响。

在此番浪潮中的城市还试图将自身重新建立成所在区域的信息和传媒中心，一些城市开始推行重大的治理变革。例如，伦敦开始重建大都市区政府制度，香港执行“一国两制”政策以保障在 1997 年英国向中国移交主权后，维持资本主义制度在香港 50 年不变，而纽约市则努力日益摆脱联邦政府的干预。

---

① Greg Clark. The Making of a World City：London 1991 to 2021（Chichester：Wiley Blackwell，2015）.

在这一时期，欧洲共产主义运动的暂时受挫、两德的统一、中国的改革开放及 1993 年作为阿以和平进程组成部分的《奥斯陆协议》的签订等一系列重大事件使世界地缘政治格局发生了巨变。欧洲经济区和北美自由贸易区等新贸易制度安排的出现，以及 1995 年世界贸易组织的建立开创了一个多边主义的时代，许多国家和城市开启了全球化进程。所有这些因素促成了诸如“金砖五国”（巴西、俄罗斯、印度、中国和南非）以及“薄荷四国”（墨西哥、印度尼西亚、尼日利亚、土耳其）等经济体中主要城市的发展。此外，东欧、中东和大洋洲的大城市也抓住机遇迅速发展。班加罗尔、巴塞罗那、开普敦、悉尼和特拉维夫是这一时期表现最突出的一些全球城市。

## 贸易专业化

信息通信技术革命导致了新的贸易专业化分工，意外地开启了许多城市的全球化进程，班加罗尔便是其中最具代表性的城市之一。1985 年，美国得州仪器公司来到班加罗尔投资建厂，自此这座城市走上了电子产业专业化飞速发展的道路，并进一步吸引其他跨国公司迁到班加罗尔，改善了当地软件开发环境，从而使其逐渐攀升到价值链上端。由跨国公司主导的产业与技术升级推动了班加罗尔的城市职能由最初单一的外包承接转向全面的离岸服务。实现这一切的关键在于印度政府完善数据通信基础设施，优化税收制度来推动增长和技术进步，这与世界银行资助新的发展机构去推动基础设施建设的做法类似。班加罗尔是此番全球化浪潮中的代表性城市，专业化分工使其全球意识增强，并形成了当地企业和企业家之间关于发展的共同愿景。

对于许多城市而言，贸易体系重组是实现全球化的重要前提条件。西雅图是一个典型例子，它克服了大都市区政治碎片化的不利影响，保持了在航空航天业和相关技术行业的竞争力。大西雅图贸易发展联盟（Trade Development Alliance of Greater Seattle）于1991年成立，旨在协调城市的国际贸易活动，鼓励大都市区作为一个整体参与国际市场竞争。在支持企业发展、管理海外业务和为小型企业提供海外业务机会等方面，西雅图都是北美做得最好的城市之一。在西雅图已形成了一个高度重视国际交流与学习的文化氛围，这使得城市发展的决策者们能够对这座城市在全球市场中的定位有着清晰的认识，并在宏观环境变化时及时做出调整。

## 创新与影响力

创新与影响力是全球城市能够在激烈竞争中脱颖而出的重要因素。这些城市拥有知识资产以及以公共部门为主导的研究或制造基地。在20世纪80年代，它们试图在国际社会中重新定位自身的经济，创造新的经济需求。一座城市开启全球化进程往往是由某些事件作为触媒，例如：1985年美国得州仪器公司来到班加罗尔投资建厂引发了当地软件业的发展；巴塞罗那成功获得奥运会的举办权促进了体育产业的振兴；1987 年悉尼证券交易所的成立使悉尼成为区域金融中心；旧金山之所以能成为创新中心得益于其深厚的知识间平等交流的文化传统（见专栏 4 - 4）。

在由创新推动城市全球化的浪潮中，最受人关注的例子之一便是特拉维夫。这座年轻城市具有的商业和创业型资本主义精神促进了金融、光学、通信、信息系统、医药和软件等领域的技术集聚和进步。以色列军方对先进国防工业的投资更增强了特拉维夫的技术基础，从而培养出源源不断的高素质人才。早期投资者的支持以及对风险的积极态度给特拉维夫带来了技术集群，这座城市也因其众多技术发明而闻名于世。城市领导者正通过加强特拉维夫的多元、包容和投资意愿来提升全球竞争力。

**专栏 4 - 4　　旧金山：探索与创新之城**

旧金山的全球城市地位源自其所拥有的世界上最强大的创新体系，包括高端服务业、科技公司和刚起步的创业公司。由于 1848—1855 年的淘金热以及二战带来的发展机遇，旧金山成为当时世界上最大的造船基地。大旧金山地区依靠庞大的港口与完备的铁路网络成为通往亚洲的贸易门户。

但到了 20 世纪 70 年代，硅谷的微电子革命彻底改变了旧金山的全球角色。

硅谷在很大程度上依赖于旧金山的金融机构网络对创业公司进行融资。高端研究机构中的精英、易获得的风险投资、包容开放的文化以及高质量的生活水平成为旧金山进入走向成功的良性循环的关键因素。空间聚集促进了产业集群的迅速发展，例如，像基因泰克（Genentech）这样的生物技术公司在旧金山大学周边如雨后春笋般涌现出来。旧金山的企业将全球化与环境监管视为机遇而非威胁。由于企业之间的交流互动十分频繁，因此对建立灵活多元的社会网络提出了新的需求，在这样的背景下湾区委员会（Bay Area Council）成立，以发挥网络中心作用。1970—2010 年，旧金山的信息技术产业从业者占比由 2.7%增长到 10.2%，旧金山的人均收入比邻近的洛杉矶高 30%。

在 20 世纪 90 年代—21 世纪初，旧金山与圣何塞的硅谷一起成为世界上最具活力的技术研发创新地区。旧金山以其技术驱动、鼓励创业、国际化、多元化的城市形象享誉世界，一大批具有开放思维的高素质劳动人口聚集于此。此外，这座城市还拥有世界一流的研究型大学和标志性的文化旅游景点。它还出口大量石油、煤炭和化工产品，以及商业服务、旅游服务和电子产品。

1982 年的旧金山

21 世纪，旧金山建立了一个多元化的竞争力平台。在高科技主导的经济领域，围绕加州大学旧金山分校已形成了在美国处于领先地位的生物技术和生物医药产业集群。以加州大学旧金山分校和伯克利分校为代表的一批高校吸引着数千名国际学生，进行尖端技术研究与开发。旧金山政府还投资开发自然景观和标志性建筑，发展艺术和文化机构，以吸引技术工人和游客。城市和企业的领导者积极与中国建立经济联系，在制造业、高等教育和外商直接投资等方面开展合作。

此番全球化浪潮的特点在于城市政府有意识的引导，开始主动制定建设全球城市的战略规划。对于像巴塞罗那和特拉维夫这样的城市，城市政府在基础设施、生活品质和建筑设计等方面都制定了发展战略规划以吸引全球人才，很多城市也开始将商业用地转变为创新产业用地。在这些城市中，出现了前所未有的由高素质移民推动的人口多元化浪潮。随着浪潮在2007—2008年达到高峰，这些城市已经具有了完全不同的全球定位，但在经济增长的同时，新问题也层出不穷。

在这场已持续了20～25年的全球化浪潮中，中等收入国家的大城市发生了巨大变化。在上海、伊斯坦布尔、首尔等城市，新兴的城市领导力量力求改善城市物质空间环境，吸引外资和推动经济发展。在中央政府的支持下，一些城市进行了政治和法律制度改革，城市领导者也在努力改善其工作质量和提高政府的可问责性，从而推动城市进一步向全球开放，创造新的城市消费空间和发展大规模房地产项目，增加对服务业的投资。同时，城市也着力于提高现有行业的专业化水平，特别是在银行业、保险业、物流业、汽车制造业和科学研发等领域。在很多城市快速发展和巨大变化的背后，我们往往能够看到那些能力出众且富有个人魅力的市长们的身影，这也是此番全球化浪潮中一道独特的风景。

## 当前的全球化浪潮：2008年至今

在当前的全球化浪潮中，一批多元化、专业化且充满全球化渴望的城市涌现，其中很多城市在其所在区域内已属于高收入城市。与那些巨型城市不同，这些城市旨在利用高效的基础设施，提高生活水平、安全性和环境质量。此番浪潮中的大部分城市并不承担重要的政治职能。相反，它们在更具活力和急速变化的全球行业中开展竞争，争夺更大的市场份额。布里斯班、圣迭戈、深圳、智利的圣地亚哥、斯德哥尔摩便是其中的代表性城市。

在这些新涌现的全球城市背后，我们可以发现一系列明显的驱动因素。比如很多行业变得比以往更不受地方政府束缚。以前人们认为研究机构、大学、医院与健康产业集群等均扎根于地方，但现在这些部门的流动性和混杂性都在增强。同时，技术正在改变商业模式，提高供应链和价值链的灵活性。

2008 年的全球金融危机严重影响了公共部门的财政收入。在这样的背景下，城市寻求新的投资来源与金融工具的能力成为全球化进程中的关键驱动力。布里斯班就是一个典型的例子，在一个善于融资的地方政府的推动下，这座城市成功实现了全球化，利用从繁荣的商品交易中获得的收益建立了一个更加国际化的经济发展模式。布里斯班城市委员会（City Council）已经开展了广泛的联合经营、赞助商业会议和体育赛事，说服了州政府优先拨款修建布里斯班的公路和铁路等基础设施。此外，布里斯班还在积极探索公私伙伴关系修建收费公路的模式，并取得了一定的成功。该市在亚洲的声誉也为其带来了大量投资，通过大使计划，布里斯班加强了海外投资渠道，成功地与中国、日本和马来西亚的企业建立了合作关系。

对新移民和企业家的吸引力一直是城市在全球竞争中取得

成功的关键。无论是对人才、投资者而言，还是对游客而言，城市在国际上展现出的发展机遇与自身魅力都是至关重要的。2008年以来，伦敦的成功发展经验很好地印证了这一点。通过一个名为“伦敦发展促进署”*的统一组织，伦敦向全世界展现了对商业和投资的开放态度，在发展新兴科技产业方面取得了长足进步。在医疗产业、传媒业和数字产业等领域，伦敦也具有领先的创新水平，并拥有庞大的劳动市场和国际化大都市的生活品质，这些都成为伦敦得以成功的重要因素。城市发展组织通过政治游说为伦敦创造了有利的商业和税收环境，这将有助于继续保持城市在全球竞争中的吸引力。

## 本章小结

通过将过去两个世纪的全球化浪潮与第二章中介绍的早期全球化浪潮进行对比，我们可以清楚地发现一个规律，即历次全球化浪潮持续的时间变得越来越短。全球化浪潮曾经可以持续一个世纪或更久，然而如今却只能持续15～20年，未来持续的时间可能会更短。当全球经济日益趋向一体化的时候，城市的全球化浪潮与全球经济周期越来越相关，为城市提供的机会窗口的开放时间越来越短。

---

* 伦敦发展促进署（London & Partners），隶属于伦敦市长办公室，负责伦敦地区的招商引资和高等教育以及旅游业在全球的宣传与推广。——译者注

在过去 50 年间的全球化浪潮中，城市间相互竞争的激烈程度远超以往。我们看到许多城市领导者努力试图营造更具吸引力的营商环境，利用城市软实力制定商业规则。

虽然古代丝绸之路沿线的城市网络与 21 世纪建立在全球价值链和竞争优势基础上的城市体系存在巨大差异，但仍然有着许多惊人的相似之处，具体如下所述。

● 全球贸易行业的专业化

在历次全球化浪潮中，都会有新城市成功融入全球贸易领域，实现专业化分工。在全球贸易中占据优势地位是现代全球化浪潮的关键特征，而这通常是依靠帝国力量、区位优势或基础设施建设实现。例如，伦敦作为大英帝国门户的地位对于其发展独一无二的贸易关系和文化影响力是不可或缺的。作为帝国首都的职能吸引着全世界的富人和冒险家聚集于伦敦，进行商品贸易和学习交流，发展出众多金融创新。与伦敦相比，纽约则走了一条完全不同的全球化道路，其最初的全球化驱动力是参与大西洋贸易而带来的发展机遇。伊利运河的开掘进一步助推了纽约的全球化进程，使其成为美国中西部的农产品和工业品通往国际市场的重要贸易枢纽。

在历次全球化浪潮中起到关键性推动作用的具体贸易行业往往是不同的。例如，采掘业、纺织业和汽车制造业是 1945 年后那波全球化浪潮的主要驱动力。金融业和传媒业则在 20 世纪 80—90 年代那波全球化浪潮中发挥了重要作用。自 2008—2009 年以来，全球化浪潮主要以医药产业、高等教育产业和清洁能源产业的迅猛发展为主要标志。每一座拥有不同制度和商业环境的城市都在凭借其优势产业参与全球竞争。一些以前主要依赖贸易收入的城市也在积极使经济发展模式多元化，以获得多种竞争优势和影响力。

对于不同的全球城市而言，贸易专业化的起点往往各不相同。在很多现代城市中，国家政府起到了决定性的推动作用。国家主导的工业扩张对于大多数亚洲城市的全球化至关重要。在城市全球化进程中，国家政府的支持以及制定的改革方案发挥着越来越重要的作用。在 1945—1973 年间的那波全球化浪潮中，像首尔、新加坡和东京这样的城市均十分重视出口贸易的量与质，如何提升两方面的能力成为其出口战略的重要方面。而对于中国在 1985—2008 年间涌现出的全球城市而言，似乎也经历了相似的过程。从大规模生产向高附加值创新与研发的转型使这些城市逐渐改变其在全球城市网络中的定位，丰富了其与全球市场的联系。

然而，并非所有城市都能成功转型，成功的关键在于引领城市转型的机构是否具有足够的商业敏感度和专业性。一些被赋予高端城市职能的城市还会成为商业决策中心和文化教育中心。

● 具有开拓精神的多元化人口

具有开拓精神的多元化人口为城市带来了与其他城市和区域之间密切的联系，这是城市贸易优势的来源。对人口、思想和知识更开放的全球城市往往更吸引知识分子和创新者，而这些人的聚集又会为新一轮的经济发展注入活力。

在过去两个世纪中，大规模移民对于丰富一座城市的全球网络至关重要。在1880—1950年间，美国城市中的大量移民为其建立了新的贸易联系，注入了商业精神与精英思想。

对于伦敦、纽约、伊斯坦布尔和香港等全球城市来说，大量移民的涌入一直以来都是其共同特征。这些移民不仅解决了劳动力短缺问题，而且促进了创业和贸易关系发展。这些全球城市还一直接纳着难民、革命者和流亡者，使其成为所在区域的人与资本安全的避风港，这是一个重要的竞争优势，特别是在经济和政治充满不确定性的时期。其他全球城市也经历了各自的人口结构变化。在过去40年中，拉丁美洲和中国的城市经历了城乡之间大规模的人口迁移，这使各行业获得了低人力成本的竞争优势，从而进入全球价值链体系。

● 对新市场、新航线、新产品和新服务的探索与开拓

对新市场、新航线、新产品和新服务的探索与开拓一直都是新商路以及参与长途贸易的新全球城市出现的关键性推动力，同时也会打破城市群之间原有的实力平衡。加利福尼亚州

金矿的发现使旧金山发展成为太平洋地区贸易、金融和造船业的中心。石油和天然气的发现以及开采技术的发展，极大丰富了工业化城市的交流和贸易方式，使商品丰富的城市进入全球市场。像开罗、雅加达和吉隆坡这样的石油储量丰富的城市在1945年后的全球化浪潮中成为全球投资的热点区域，而在2008年后的全球化浪潮中，阿布扎比、布里斯班、珀斯和卡尔加里等城市利用所掌握的石油和天然气资源成功晋升为全球城市，在世界贸易网络中承担着新的全球性职能。如今，全球化还具有一个特征，即对自然资源使用权日益严格的监管和明晰的责权，新的全球城市在如何促进自然资源永续利用领域正发挥着重要作用。

新的探索发现在现代技术时代具有非凡意义。相比于获得新领土或发现新矿产，新服务或新技术的发展更能推动城市的全球化进程。在自1980年以来的全球化浪潮中，会计、广告、咨询和法律服务等高端生产性服务业因其对企业出口与扩张的支撑作用而实现井喷式增长。自20世纪90年代中期以来，依托于房地产业的相关服务业也出现了迅猛发展。在当前的全球化浪潮中，零售业、酒店业、娱乐业和技术服务业的快速发展也成为一个显著的全球性现象，在很多领域都出现了新的创新。

● 创新与影响力

新技术、新观念以及形成思想和行动的能力已经成为现代全球化浪潮中不可或缺的重要组成部分。从重商主义到古典政治经济学，从马克思主义到芝加哥学派，这些经济思想学派都对过去400多年间城市的新实践和新规则进行过研究和讨论。在历史上的那些关键性时间节点，自然选择、大众民主甚至新闻自由等革命性思想都曾激发了城市的活力和发展。在过去的两个世纪中，技术上的重大革新对于认知城市自身的国际定位而言至关重要。第一次工业化浪潮中涌现的全球城市主要促进并推广了生产环节领域的创新。交通领域的创新也突飞猛进，尤其是铁路的建设使人口、货物、资本和思想得以更快速地流动或传播，到了20世纪初几乎彻底重构了所有城市的空间结构。通信技术的进步为经济活动的集聚提供了技术支撑，并使城市能够进一步扩大生产规模。近年来，航运集装箱化已经改变了港口城市的发展，与信息通信移动技术一起推动了城市新型工业和后工业的快速发展。传媒业、计算机业和金融业等方面的新发展也增强了某些城市在20—21世纪的全球化浪潮中的世界影响力。

今天，关于城市应该如何营造一个有利于推动创新和经济的国际化环境，仍然有很多争论。例如，旧金山拥有一个成熟的由金融机构支持的扁平化的公司网络体系，为那些尚在创业阶段的小微企业的成长提供了有利的环境。很显然，在现代全球经济体系中，高水平的研究机构、便捷的空运和货运交通网络、优质的城市设计与公共服务设施对于创新中心的发展和繁荣非常重要。

● 地缘政治机遇

对于一座城市而言，地缘政治机遇在其晋升为全球城市或保持全球城市地位的过程中仍发挥着作用。共产主义运动的暂时受挫、和平协议的签署、政治的转型、权力平衡的变化都会成为城市在全球化进程中的重要推动因素。20 世纪的大规模战争为某些城市提供了成为全球城市的历史机遇。就在一战和二战将欧洲变成战争废墟之时，纽约市却因为战争融资而得到了快速发展。而经历了二战的东京则在遭受巨大破坏后，加快了战后再工业化的步伐。1945 年之后，在作为单一霸权的美国的影响下，世界格局趋向和平，在此背景下慕尼黑和多伦多等城市发展成为专业化的出口口岸城市。不久后，英联邦的解体使英国城市与非洲、南亚的城市之间形成了新的贸易网络。随后，1989—1991 年国际地缘政治格局发生巨变，苏联解体和两德统一不但促成了新区域经济协议的签订，而且推动了维也纳、华沙、特拉维夫和温哥华等城市的全球化。

近年来，一些新兴城市也受益于地缘政治的变化，包括北京、香港、迈阿密和智利的圣地亚哥等。国家层面的政体变迁或国内冲突的解决为巴塞罗那、波哥大、开普敦、科伦坡等城市的国际化发展提供了先决条件。当城市与外界的联系加强后，发展旅游业成为重要的城市战略，源源不断的新移民增强了城市参与国际贸易和竞争的信心。

与此形成对比的是，在20—21世纪，仍然有许多城市的全球化进程受到来自极权主义、冲突、骚乱或腐败的掣肘，而另一些作为大宗商品集散地的城市却在冲突导致的价格暴涨中大发其财，例如迪拜、布里斯班或智利的圣地亚哥。

通过对历次城市全球化浪潮历史的简要回顾，我们可以看到城市的全球化道路各不相同，有些依托于帝国的政治权力与军事势力，但大部分城市则依靠繁华的商业中心、多元的知识与文化中心、高度专业化的贸易口岸或创意中心。对于今天的城市而言，它们应当从历史中学习在历次全球化浪潮中的城市是如何建立并保持竞争力，以及如何避免陷入那些没有前途的发展模式的。

对于那些处于领先地位的全球城市而言，在全球经济中的关键性地位并非从一开始便已注定。相反，许多全球城市在最初起步时往往因内部组织孱弱或外部环境恶劣而面临着十分不利的发展局面。在20世纪，一些城市长期被隔绝在全球化浪潮之外，而只有当地缘政治环境发生变化和外国资本涌入后才开始国际化的进程。而在21世纪，在西方世界之外的很多城市仍然处于这种状态之中。

同样地，城市财富的消涨意味着一些今天我们公认的全球城市在未来可能会逐渐衰落。历史已证明，如果失去了贸易竞争力、创新动力和影响力，或是对移民和创业者关上大门，抑或是无法适应地缘政治和经济格局的变迁，那么全球城市将面临衰落的风险。

今天，很难找到一种放之四海而皆准的、最成功的城市全球化模式，存在着多元化的参与全球化的战略和路径。随着时间的推移，不同战略和路径会产生出不同类型的全球城市。关于这一点，将在第六章中详细论述。

# 第五章 解读全球城市

自文明诞生之日起，人类从未停止过对城市人居世界的思考与理论化。在每个时代，对城市的认知框架都能反映出当时人类了解已知世界的广度。对于古罗马或中国的首都而言，当时已知的世界仅包括帝国版图内所有已文明化的地区，而对于版图之外广大“未开化”地区的认知却极其有限。那时的人们并没有像我们今天这样拥有强烈的“全球”意识，即通过贸易、共同价值观和利益将各大洲联系成一个整体的观念。“国际化”也是一个伴随着民族国家巩固而产生的现代概念。然而早在数千年以前，人们便已认识到城市是一个因文化交流、贸易商路和交通网络而形成的人口聚集地[①]。

关于“世界城市”或“全球城市”的清晰概念最早出现在

① Peter Rimmer and Howard Dick. “The Historical Dimension,” in Global City Challenges：Debating a Concept，Improving the Practice，edited by Michele Acuto and Wendy Steele（Basingstoke：Palgrave Macmillan，2013），pp. 63-87.

第一次世界大战期间，早期很多讨论主要出现在美国和西欧。1911 年，芝加哥城市规划局（Chicago Department of City Planning）在年度报告中提出芝加哥市已位于“人力所能达到的世界城市体系中的最前列”[①]。城市政府专家迪洛斯·富兰克林·威尔科克斯（Delos Franklin Wilcox）在 1913 年《美国大城市》（*Great Cities in America*）一书中也认为芝加哥位于“第一等级的世界城市之列”，而费城是“美国城市”，而非“植根于美国土壤的世界城市”[②]。就在同一年，大西洋彼岸的巴黎也被诗意般地描述为“世界城市”和“快速变化的世界中的一座主教堂”[③]。

苏格兰规划师帕特里克·格迪斯（Patrick Geddes）被公认为首次提出“世界城市”这一概念，并对其进行了系统论述。在 1915 年《进化中的城市》（*Cities in Evolution*）一书中，格迪斯强调电力和内燃机的应用极大地推动了城市发展和聚集，进一步形成了大都市区。他认为，世界城市不仅包括国家和帝国的首都，而且包括像在泰恩河流域、里维埃拉、杜塞尔多夫和匹兹堡等地区正在出现的大都市[④]。

---

① Chicago Department of City Planning. Annual Report（Chicago，1911），p. 326.

② Delos Franklin Wilcox. Great Cities in America：Their Problems and Their Government（New York：Macmillan，1913），pp. 182，307.

③ In Nicolas Beauduin and William Speth，La vie des lettres 3-4（1913），p. 542.

④ Patrick Geddes. Cities in Evolution：An Introduction to the Town Planning Movement and to the Study of Civics（London：Williams and Norgate，1915），pp. 41-49.

在20世纪20—30年代，很多书籍和期刊都将柏林、维也纳、伦敦和纽约称为世界城市，特别是在欧洲。当然有时候也会使用另外两个含义上稍有不同的概念——“世界之城”（ville mondiale）或“大都市”（Weltstadt）。这些概念被用来描述那些正在成为国际性大都市、文化中心和商业中心的城市①。甚至北非的丹吉尔和突尼斯也被认为拥有成为世界城市的潜力②。因此，德国犹太作家保罗·科恩-波特海姆（Paul Cohen-Portheim）于1930年在一本关于巴黎的书中写道：“世界城市是一个被滥用的概念。一座城市可能有数百万居民，但却不是世界城市；世界城市的评判标准并非人口与面积，而是城市的重要性……今天的伦敦是一座世界城市，因为它是地球上拥有1/4人口的帝国的中心。”③

在之后的数十年间，世界城市这一术语在出版物中的使用不定时，并且也没有被清晰地界定过，而全球城市一词更是很少被使用（见图5-1）。底特律可能是之后率先使用全球城市这一术语的城市，其因拥有当时世界上一流的航空与汽车制造

① The Lloyd Mail, Rotterdam Lloyd: Rotterdam (1934), p. 72; “La patrie morave de Franz Schubert,” in L’Europe Centrale, edited by Georges Marot, v. 13, nos. 1-26 (1938), p. 394.

② Jean Sibieude. Tanger, ville internationale (Paris: Librairie Coulet, Dubois et Poulain, 1927), p. 44. See also L’Opinion 12 (1919), p. 120.

③ Paul Cohen-Portheim. The Spirit of Paris (London: B. T. Batsford, 1937), p. 106. Original published in German, Paris (Berlin: Klinkhardt und Biermann, 1930).

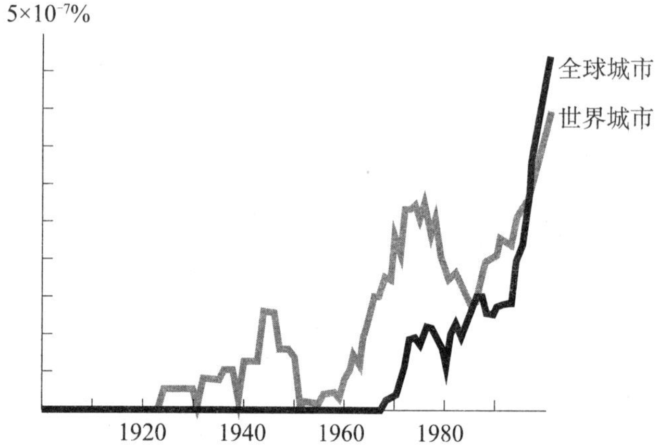


图 5－1　20 世纪使用“全球城市”和“世界城市”术语的出版书籍所占比例

图片来源：使用 Google Ngram Viewer 制作。

业而被称为“概念中的全球城市”①。二战后，世界殖民体系瓦解，20 世纪 60 年代电讯技术大大缩短了时空距离，关于全球城市产生了一些新的理解，这一概念又开始重新流行起来。最初，对城市的研究兴趣主要集中于在世界商业体系中活跃的大都市，这些商业中心城市的一个关键特征是具有世界性的多样化，这也反映出这些城市在全球化中的新定位。正如刘易斯·芒福德在 1961 年的经典著作《城市发展史》（*The City in History*）中所述：“城市在全球村中的使命是将最小城市单元中的文化资源整合起来，从而促进世界的团结与合作……大城市在

① Dartnell Corporation. “Sales Management,” in Survey of Buying Power 52, nos. 1-13 (1943), p. 13.

相对狭窄的地域内汇集了不同文化的多样性，在这里可以找到所有种族和文化，以及他们的语言、习俗、服饰、美食，在这里，人类第一次开始不带偏见和歧视地平等交流……渐渐地，大都市将促进人类更广泛地合作，时间和空间的障碍将被消除。”[①]

在冷战时代，国家领土安全成为首要考量，国家之间的等级制度重塑了世界体系，将大城市看作世界熔炉的思潮开始流行起来。全球城市往往被认为是世界地缘政治格局转变的必然结果，而非城市本身的因素所致[②]。在彼得·霍尔于1966年出版《世界城市》（*The World Cities*）时，这一趋势在国家层面已非常明显，城市化与全球化开始齐头并进[③]。霍尔认为，世界城市不仅是政治和决策中心，而且是贸易、交通、人才、知识、信息和专业化的中心。霍尔的研究为现代全球城市研究奠定了基础。

## 关于全球城市的现代观念

关于全球城市的现代系统性思考大体分为三个略有重叠的阶段（见表5-1）。

---

① Lewis Mumford. The City in History：Its Origins，Its Transformations，and Its Prospects（San Diego，Calif.：Harcourt，Brace and World，1961），p. 561.

② Neil Brenner and Roger Keil. “Editor's Introduction：Global City Theory in Retrospect and Prospect，” in The Global Cities Reader，edited by Neil Brenner and Roger Keil（New York：Routledge，2006），pp. 1-16.

③ Peter Hall. The World Cities（London：Weidenfeld and Nicolson，1966）.

## ● 第一阶段

作为一个分析性概念，世界城市在 20 世纪 70 年代得以发展，并在 80 年代成为理解全球化的一个新分析框架。关于世界城市的新思想实际上源自一个明显的悖论，即在信息技术和金融时代，经济活动却越来越集中在少数枢纽性大城市中。关于核心城市拥有“不成比例”的优势地位的观点在社会学与地理学中早已存在，但城市驱动全球经济发展的观点却是新的，最早是由 20 世纪 70 年代少数几位研究跨国公司总部分布特点的地理学家和经济学家所提出①。例如，加拿大经济学家斯蒂芬·海默认为“世界主要城市——纽约、巴黎、波恩、伦敦、东京……莫斯科抑或是北京，将是制定高层次战略规划的主要中心”，其他城市将处于“从属地位”②。与霍尔最终将权力归于国家的观点不同，这一新的思想学派将全球城市视为处于权力结构的顶层，跨国公司的领导者拥有足以决定其他城市命运

---

① Ibid.，p. 7；Ferdinand Braudel. “Divisions of Space and Time in Europe,” in The Global Cities Reader，edited by Brenner and Keil，pp. 25-31；Stephen Hymer. “The Multinational Corporation and the Law of Uneven Development,” in Economics and World Order from the 1970s to 1990s，edited by J. Bhagwati（New York：Collier-Macmillan，1972），pp. 113-140；D. A. Heenan. “Global Cities of Tomorrow,” Harvard Business Review 55（1977），pp. 79-92；Robert B. Cohen. “The New International Division of Labour，Multinational Corporations and Urban Hierarchy,” in The Global Cities Reader，edited by Brenner and Keil，pp. 49-56；John Friedmann and Goetz Wolff. “World City Formation：An Agenda for Research and Action,” International Journal of Urban and Regional Research，6，no. 3（1982）pp. 309-344.

② Hymer. “The Multinational Corporation and the Law of Uneven Development,” pp. 113-124.

的权力。这一分析框架上的转变为后来的研究奠定了基调，这是至关重要的观念转变。

1977 年，戴维·A. 希南（David A. Heenan）在《哈佛商业评论》的一篇文章中使用了“全球城市”一词[①]。当约翰·弗里德曼（John Friedmann）和戈茨·沃尔夫（Goetz Wolff）在《世界城市的形成：研究与行动议程》（World City Formation：An Agenda for Research and Action）中提出一系列开创性假设后，“全球城市”迅速成为一个广为接受的分析性概念。他们认为，跨国公司已经变得不受管束，它们在大城市中激烈地为霸权而竞争，并提出“要从正在形成的世界经济体系的角度去重新审视城市”[②]。

**表 5-1　　全球城市理论的三个发展阶段**

| 阶段 | 主要理论家 | 核心观点 | 代表性城市 |
|---|---|---|---|
| 第一阶段 | 彼得·霍尔，戴维·A. 希南，约翰·弗里德曼，戈茨·沃尔夫 | 定性研究：跨国公司、国际劳动分工、知识指挥中心 | 布鲁塞尔、法兰克福、伦敦、纽约、兰斯塔德、东京 |
| 第二阶段 | 萨斯基亚·萨森，彼得·泰勒，乔纳森·比弗斯托克 | 定量研究：金融服务指挥中枢、专业生产性服务业、社会两极分化 | 伦敦、纽约、东京，其次是：洛杉矶、发展中国家的城市 |

① David A. Heenan. “Global Cities of Tomorrow,” Harvard Business Review 55 (May-June 1977).

② Friedmann and Wolff. “World City Formation,” p. 309.

续前表

| 阶段 | 主要理论家 | 核心观点 | 代表性城市 |
|---|---|---|---|
| 第三阶段 | 艾伦·斯科特，米歇尔·阿库托，克里斯琴·勒费夫尔，珍妮弗·鲁宾逊 | 城市地区、更多的全球城市、跨国和全球城市政策网络、城邦国家、国家政府 | 伦敦、纽约、巴黎、东京、香港、新加坡、首尔、上海以及其他50—100座城市 |

当时，全球城市的概念主要停留在定性的观念层面。关于核心城市操控世界经济的观点受到了新马克思主义城市研究者的追捧，为随后的相关研究奠定了理论基础①。“世界城市”的概念推动了主张自由市场化改革的华盛顿共识的形成，导致发达国家的经济发展模式向金融业、服务业和再城市化等方面快速转型②。伦敦、纽约和东京等当时正在涌现的世界金融之都被认为是资本主义在最新发展阶段的指挥中枢。人们普遍认为这是一种独特或至少很少见的现象。正如城市学者彼得·J. 泰勒（Peter J. Taylor）和本·德鲁德（Ben Derudder）所述，“古代主要依靠军队维持世界性大帝国的政治统一，而现代世界体系则通过世界城市网络保持经济一体化，在未来还将是如此”③。

---

① R. G. Smith. “Beyond the Global City Concept and the Myth of ‘Command and Control’,” International Journal of Urban and Regional Research 38, no. 1 (2014), pp. 98-115.

② Doreen Massey. World City (Cambridge: Polity Press, 2007).

③ Peter J. Taylor and Ben Derudder. World City Network: A Global Urban Analysis (New York: Routledge, 2015).

● 第二阶段

20世纪90年代，萨斯基亚·萨森（Saskia Sassen）于1991年出版的《全球城市》（*The Global City*）将关于全球城市的研究又向前推进了一步①。萨森认为，只有少数城市具有足够的吸引力，进而在全球一体化中发挥组织核心的职能。在这些精英城市中，高端服务业高度聚集，以满足企业客户在财务、专业化和创新等方面的需求。随着大型企业成为全球性企业，诸如商业法律服务、财富管理、企业税务咨询和广告服务等相关行业在全球城市的市中心大量涌现。到20世纪90年代初，全球城市的概念在商界和政界被广泛接受。例如，在英国政府于1991年发布的一份名为《伦敦：正进入21世纪的世界城市》（*London: World City Moving into the 21st Century*）的报告中指出，伦敦为了与其他少数几个全球顶级城市竞争，必须完善基础设施，促进经济发展②。

当萨森在2001年更新她的研究时，伦敦、纽约和东京仍然是全球城市的典范，然而在当前的世界经济中已经有大约20

① Saskia Sassen. The Global City: New York, London, Tokyo (Princeton University Press, 1991).

② London Planning and Advisory Committee. London: World City Moving into the 21st Century (London: HMSO, 1991).

座城市为全球资本提供了相似的服务。正如萨森于 2006 年所写："大约 40 座顶级或次级全球城市……必须与其他数百个边缘城市区分开来。虽然这些边缘城市参与全球经济，但它们缺乏管理和服务于全球企业和市场的资源"。①

世界城市的概念已被广泛接受，成为城市全球化的分析框架。彼得·泰勒关于"世界城市网络"的思想，以及萨森对植根于城市的企业的研究为理解全球城市奠定了坚实的基础（见专栏 5－1）。主流研究集中在全球城市体系如何重塑社会生活，而另一些研究者则试图建立能够测量城市实力与网络关系的量化分析框架。不管研究方向如何，研究者们在基础理论假设上都达成了共识，即某些精英城市拥有几乎垄断性的控制权，这一观点甚至有时会被过分地夸大。一些经验性的结论仍然缺乏实证支撑，目前尚存在争论。其中被广泛讨论的便是金融服务业对于全球城市的作用到底是被夸大了，还是被错误解读了②。

---

① Sassen. "Why Cities Matter," Venice Biennale of Architecture Catalogue, (New York：Rizzolo，2006)，p. 27.

② Mark Gottdiener，Leslie Budd，and Panu Lehtovuori. Key Concepts in Urban Studies (London：Sage，2015)；Michael Storper. The Regional World：Territorial Development in a Global Economy (New York：Guildford Press，1997)；Christof Parnreiter. "Global Cities in Global Commodity Chains：Exploring the Role of Mexico City in the Geography of Global Economic Governance，" Global Networks 10，no. 1 (January 2010)，pp. 35-53.

**专栏 5-1　全球化与世界级城市研究小组与网络组织**

全球化与世界级城市研究小组与网络组织（Globalization and World Cities，GaWC）成立于英国拉夫堡大学，曾在全球城市研究中取得许多突破性的理论分析成果。其主要贡献之一便是对全球城市网络的测量，依据高端服务业参与全球合作的深度与广度，城市在全球城市网络中被分级。GaWC 的测量方法已经成为一个评判全球城市的公认标准，该方法强调城市在全球合作网络中的重要性，而非城市间关于资本和知识的竞争。

自 2000 年以来，GaWC 每隔 2 或 4 年便会发布一系列分析图表，反映由会计、广告、法律、管理咨询、银行、金融和保险等高端服务业构成的企业办公网络的相对密度变化。随着纳入 GaWC 测量方法的城市越来越多，被验证的已融入全球化的城市也越来越多。2000 年只有 68 座一线和二线全球城市，而现在则超过了 120 座。自 GaWC 对全球城市网络进行测度以来，伦敦和纽约始终是两座最顶级的全球城市，紧随其后的是香港。但随着时间的推移，上海、北京和迪拜强劲的晋升态势也日益引起了广泛关注。位于稍低层次的全球城市包括深圳、广州、河内、开普敦、拉各斯和利马等。

● 第三阶段

在2007年至今的10年间，最新研究对之前的结论提出了质疑，认为少数精英城市无法掌控其他城市的命运和全球城市体系的发展。新兴市场的崛起表明，越来越多的“普通”城市具有全球性特征和相关资源[①]。因此，全球城市研究的关注点已经从金融业转向了时尚行业、创意行业和旅游业，在这些行业中处于领先地位的城市往往彼此间差异巨大。事实上，很多研究者发现即使是其金融业在全球处于领先地位的城市，近年来相关从业人口也在不断减少，而其他行业的从业人口却在激增[②]。

在最新的理论发展中，一些主要研究者认为全球城市存在着概念上的不一致问题，由于人为地将一些尚未达到全球城市标准的城市纳入全球城市体系，关于全球城市的定义更为复杂。尽管并未对全球城市的本质进行精确界定，但研究者们至少提出了一些基本性前提假设：

1. 越来越多的城市正在日益融入全球体系，这一进程已超出了人们之前的认知，许多城市从诞生初期便明确了全球化导向的发展道路，并已积累了丰富的资源和优势；

2. 全球城市仅仅是具有复杂劳动市场和社会分工的广阔地理区域的一部分而已；

---

① Jenny Robinson. Ordinary Cities (London: Routledge, 2006).

② Gottdiener, Budd, and Lehtovuori. Key Concepts in Urban Studies.

3. 全球城市是文化、学习、创意与创新中心；

4. 对于一些国家或超国家层面政府难以解决的问题，全球城市凭借城市间的协作网络具有更灵活的解决手段；

5. 城市与民主国家或国家社会之间的关系日益紧张，这种紧张的局势将在未来数十年间持续扩大。

## 新兴的城市科学

在第三阶段关于全球城市的研究中，关注重点逐渐转向对全球城市的整体表现以及未来前景的研究。单座全球城市与全球城市网络体系正日益面临着相似的机遇与挑战。2008 年以来，全球金融危机的影响和经济转型步伐的加快已经削弱了全球城市对未来竞争力的自信，特别是在欧洲和北美。在推动与管理城市经济发展方面，上级政府对地方的公共投资以及赋予地方政府的财政政策均难以令人满意，这也为全球城市研究提供了一些新的思路和方向。

在过去 50 年间通过为许多城市提供咨询或资金支持，一些区域性和全球性组织（例如世界银行、经济合作与发展组织、联合国以及其他国际金融机构）已积累了丰富的经验，成为全球城市研究领域的思想领袖[①]。它们认为全球城市有能力推

① Greg Clark and Tim Moonen. Urban Innovation and Investment: The Role of International Financial Institutions and Development Banks (London: Future Cities Catapult, 2014) (http://futurecities.catapult.org.uk/resource/urban-innovation-and-investment-full-report/).

动增长和解决发展中存在的问题。这些组织的相关研究也得到了学术界、私人企业、研究基金会、慈善机构和公民团体的支持。

20 世纪 90 年代的几个具有里程碑意义的研究使用了全新的方法对全球城市进行定义与比较。当时的伦敦在大都市区政府尚未建立，并且正从经济衰退中恢复的大背景下成为全球城市研究领域的主要基地。1991 年的《伦敦：世界城市》（*London：World City*）提出了全球竞争新议程后，1996 年的《四大世界城市：伦敦、巴黎、纽约和东京的比较研究》（*Four World Cities：A Comparative Study of London，Paris，New York and Tokyo*）建立了影响深远的实证基础①。这一研究由伦敦市政府办公室主持完成，是最早详细论述伦敦在全球贸易行业中竞争力的研究报告之一②。它还指出，全球城市应优先完善城市核心区的物质空间环境，改善公共服务设施的质量、交通网络的便捷性、监管框架和城市形象。

全球性组织在预断全球城市未来的早期研究中发挥了重要作用。20 多年来，经济合作与发展组织一直处于全球城市研究的最前沿。1994 年，墨尔本主办了该组织在澳大利亚的“城市与

① 关于这些研究的回顾，参见 Clark，The Making of a World City.

② Llewelyn Davies Planning and others. Four World Cities：A Comparative Study of London，Paris，New York and Tokyo（London：LDP，1996）. See also Peter Hall，“The Future Planning of City Regions，” in City Visions：Imagining Place，Enfranchising People，edited by Mike Morrissey and Frank Gaffikin（London：Pluto Press，1999），pp. 61-78；Les Budd and Michael Edwards. “Confirming Conforming Conventions：The Four World Cities Study，” City 2，no. 7（1997），pp. 171-181.

新全球经济”（Cities and New Global Economy）会议，这是世界上规模最大的城市政策会议之一。会上讨论的议题催生了对全球大都市区竞争力的一系列区域性评估研究，这些研究后来在2006年经济合作与发展组织的报告《全球经济中的竞争性城市》（*Competitive Cities in the Global Economy*）中得以总结，报告提出了全球经济是“大都市区经济体的共同市场”①。经济合作与发展组织注意到，大都市区经济体的经济表现往往超过其所在国家的整体经济表现，但与其他大都市区之间的竞争正变得愈加激烈。这份研究报告使大都市区的领导者们开始关注加大创新力度，拓展文化多样性，完善基础设施，以及建立合理的都市治理体系等方面。这些为政府支持全球城市指明了努力方向。

除了全球城市研究外，还有大量研究聚焦于理解世界各地城市发展的主要趋势，这些研究主要是由国际金融与发展机构推动。从2001年开始，联合国人居署的“世界城市状况”（*The State of the World's Cities*）系列报告倡导各国政府着力解决住房、社会和环境问题，旨在促进城市繁荣与生产力提高，使城市成为地方经济与全球经济之间的接口②。世界银行

---

① OECD. OECD Territorial Reviews：Competitive Cities in the Global Economy（Paris：OECD，2006），p. 17.

② UN-Habitat. The State of the World's Cities Report 2001（Nairobi：UN-Habitat，2001）（www. un. org/ga/Istanbul+5 /statereport1. htm）；idem，The State of the World's Cities：Prosperity of Cities（Nairobi：UN-Habitat，2012）（http：//mirror. unhabitat. org /pmss/listItemDetails. aspx? publicationID=3387&AspxAuto DetectCookieSupport=1）.

的《2009年世界发展报告：重塑经济地理》（*World Development Report 2009：Reshaping Economic Geography*）极大地影响了城市与全球化新思想的形成，关于城市在经济发展中的龙头带动作用形成了共识，同时指出经济活动不仅集中在城市，而且集中在城市的高密度核心区，这些地区吸引着全球专业化的产业集群。该报告还指出，当城市在国家或区域建立互补性专业化体系时，城市体系便已形成。

麦肯锡全球研究院、世界经济论坛的城市竞争力研究报告，以及世界银行2015年城市竞争力评估中的初步思想已经得到现实验证。此外，咨询公司、大学和城市倡导组织还提出了200多个关于全球城市的指标。以下是一些代表性的高质量研究成果。

- 2thinknow咨询公司的“创新城市全球指数”
- 科尔尼管理咨询公司的“全球城市指数”
- 中国社会科学院的“全球城市竞争力项目”
- 《经济学人》智库的“热点：基准化全球城市竞争力”
- 《经济学人》智库的“全球宜居城市年度排名”
- fDi杂志的“未来全球城市”
- IBM的“世界最具竞争力的城市”
- IBM的“全球定位趋势”
- 仲量联行的“全球城市300强”
- 毕马威/巴黎投资机构的“全球城市投资监测”

- 马丁繁荣研究所（Martin Prosperity Institute）的“创意与多样性：全球城市排名”
- 森纪念财团的“全球实力城市指数”
- 新加坡国立大学的“全球宜居城市指数”
- Z/Yen 集团的“全球金融中心指数”
- Saffron 品牌顾问公司的“世界城市商业品牌晴雨表”
- 第一太平戴维斯（Savills）公司的“世界城市评论”
- 多伦多区域贸易委员会（Regional Board of Trade）的“全球城市多伦多：经济繁荣评分卡”
- 联合国人居署的“世界城市状况：城市繁荣指数”
- 新华社与道琼斯合作的“国际金融中心发展指数”

## 定义全球化中的城市：世界城市、大城市、全球城市、特大城市

尽管在当今的全球化浪潮中相关概念得到一定发展，但全球城市的概念却未被明确定义，导致如何判断一座城市是否为全球城市仍然存在争议（见专栏 5-2）。近年来，学者们已不再寻求为全球城市进行一个明确的、普适的定义，在很多文献中全球城市更倾向于被看作一个具有高附加价值生产性服务业经济体的中心。但也有学者将全球城市简单地描述为区域内最大的城市经济体，或是其机场和港口客流与货流吞吐量最大的城市群。还有学者将包括语言、传媒、多样性和文化资产等方

面的文化影响力作为判断全球城市的标准。

**专栏 5-2　关于全球城市的六个定义与表述**

全球城市是在新重商主义世界中、在整合跨国资本主义经济的过程中至少在某一方面发挥着重要作用的主要城市。

——安·马库森、维基·格威亚斯达，明尼苏达大学汉弗莱公共事务学院，1994 年

世界城市是“后工业生产基地”，在这里企业服务业与金融业的创新已经融入了最新世界经济重组的大潮，即全球化浪潮。

——乔纳森·比弗斯托克（布里斯托大学）、理查德·G. 史密斯（斯旺西大学）、彼得·J. 泰勒（诺森比亚大学），1999 年

全球城市是世界经济组织结构的重要节点，是经济管控、生产与贸易、信息交流与文化传播，以及政治权力的枢纽。

——德里克·格雷戈里（英属哥伦比亚大学）、罗恩·约翰斯顿（布里斯托大学）、杰拉尔丁·普拉特（英属哥伦比亚大学）、迈克尔·沃茨（加州大学伯克利分校）和萨拉·沃特莫尔（牛津大学），2009 年

处于全球化进程中的城市既包括那些想要维持其国际地

位的全球城市，又包括那些努力晋升为全球城市的非全球城市。

——约翰·伦尼·肖特（巴尔的摩的马里兰大学），2004 年

在世界各地的全球城市中，全球化进程都与具体的本土化形式相结合，呈现出一种多样化的特征。这些本土化形式在很大程度上构成了全球化的一部分……如今大多数主要全球城市也是世界城市，但也有一些全球城市并非完全意义上的世界城市，这也丰富了全球城市的含义。

——萨斯基亚·萨森（哥伦比亚大学），2005 年

简单来说，究竟什么是全球城市取决于我们研究者怎样定义全球城市。

——詹姆斯·泰纳（肯特州立大学），2006 年

由于缺乏一个公认的明确定义，因此全球城市的具体数量仍然无法确定。根据最严格的标准，全世界只有不到 20 座真正具有世界性控制力的全球城市。而根据相对宽松的标准，芝加哥全球事务委员会（Chicago Council on Global Affairs）于 2015 年估计大约有“40 或 50 座”符合标准的全球城市[①]。而

① Richard C. Longworth，On Global Cities（Chicago：Chicago Council on Global Affairs，2015）（https://www. the chicagocouncil. org/sites/default/files/On _ Global _ Cities. pdf）.

根据更宽松的标准，一些研究则估计有100多座全球城市，甚至还有研究认为至少有300座具备全球贸易职能的全球城市[①]。

关于全球城市标准这一问题未能达成共识的一个主要原因在于关于全球性构成因素的争论。另一个原因在于缺乏统一的方法来描述城市规模、地理区位和人居体系。在评判全球城市时，至少有三个变量需要关注，分别是全球性、重要性和组织方式。

- 全球性

全球性是指城市经济、制度和社会的全球化或国际化程度。一些研究简单地根据外来投资量、对国际游客的吸引力或人口多样性来评估一座城市的全球性。但在个别案例中，这些数字可能会对人产生误导，并不能完全反映出一座城市在贸易行业或全球网络中的重要地位。

- 重要性

重要性是指城市在国家和区域中的规模与地位。有时，拥有大量人口的中心城市被称为全球城市，因为作为人口最多的首都或大都市往往具有政治决策和外交职能，因而具有

---

① A. T. Kearney. Global Cities 2015：The Race Accelerates（2015）（https：//www. atkearney. com/documents/10192/5911137/Global+Cities+201+-+The+Race+Accelerates. pdf/7b239156-86ac -4bc6-8f30-048925997ac4）；Joseph Parilla and others. Global Metro Monitor 2014：An Uncertain Recovery（Brookings，2015），（www. brookings. edu/～/media/Research/Files/Reports/2015/01/22 -global-metro-monitor/bmpp _ GMM _ final. pdf？ la=en）.

影响力和多元性。然而，世界上一些顶级全球城市却只拥有不到300万人口，例如迪拜和苏黎世。而很多拥有超过1 000万人口的超大城市，其经济全球化程度或洲际贸易水平却很低，例如拉各斯。

● 组织方式

组织方式是指城市治理制度以及城市职能与地区需要的匹配度。全球城市通常是范围很广的大都市区，具有连绵的城市区域和统一的劳动市场。从地理学上看，全球城市通常是以城市群的形式出现。“城市地区”或“全球城市地区”通常用于描述在大都市区或更大范围内的城市化现象。其他常用的概念还包括门户城市、大城市、人文城市、超级城市、特大城市、大都市区、多中心大都市等，这些概念都是用以表述城市形态如何被经济和技术变革所延展和重塑。这些用于描述全球城市的不同概念往往结合了城市的职能、规模、空间形态和发展水平等因素。

对全球性、重要性和组织方式的不同理解导致了对全球城市这个概念的争论。但有一点是清楚的：并没有一个精练的终极概念能够涵盖全球城市的所有维度。随着时间的推移，全球城市的定义又增添了新维度，从最初主要关注城市财富与权利向多样化人口、金融服务活动、空间形态变迁、品质与特征抑或软实力等方面扩展。我们可以预见未来的定义将包含今天出现的新维度，包括在全球城市中国家与企业角色的转变，这将成为新的重要研究领域①。未来的定义也有可能包含全球城市面临的挑战，以及它们相应的对策的有效性，这将进一步拓展现有的定义。尽管关于全球城市发展的资料越来越丰富，但目前的研究往往更关注全球城市模式所面临的障碍与困难。这些挑战将在第七章中详细探讨。

## 测度全球城市：比较研究的标准

鉴于为全球城市下定义的复杂性，一些研究将注意力转向对全球城市绩效的测度。如前所述，在过去 10 年间已有许多关于测度全球城市的比较研究，用以评估城市的变化过程与策略制定。

在当前的研究中，对于城市比较的研究十分迫切，一些顶级国际组织和机构已经为测度全球城市奠定了基础。例如，联合国人居署的城市繁荣指数为城市领导者们提供了基础性信息，奠定了制定长期政策的实证基础，特别是在增进社会包容性和完善基础设施等方面②。布鲁金斯学会的全球城市监控已成为全球大都市区经济健康的晴雨表，能帮助我们深入了解不

① Greg Clark and Tim Moonen. World Cities and Nation States（Oxford：Wiley-Blackwell，2016）.

② 例如，UN-Habitat，CPI Global City Report 2015（Nairobi：UN-Habitat，2016）（http：//unhabitat. org/cpi-global -city-report-2015/）.

断变化的增长模式和新兴全球城市的命运。作为麦肯锡研究部门的麦肯锡全球研究院开展了多项全球比较研究，研发了名为 Cityscope 的数据库，涵盖全球 2 000 多座城市，旨在帮助决策者与企业制定发展战略。总而言之，上述这些研究不仅提供了一个比较研究的视角，而且展现了城市发展的宏观趋势，例如，中等规模城市的崛起，以及城市领导者在完善基础设施方面所发挥的作用。

- 全球城市指数

除了主流全球指数外，近年来相关全球城市指数在数量上不断增长，2011 年时仅有不到 100 个，而到了 2016 年则有 200 多个城市指数、排名以及关于城市绩效的对比性研究报告。城市指数的发展得到了公共与私人部门的共同支持，从国际组织到商业咨询机构，从研究基金会到企业专家，从新闻机构到媒体公司等。

在严谨的研究机构与逐利的商业组织的共同推动下，城市指数也在发生着快速变化。一些顶级公司和咨询机构正在独自开发一些广受关注的全球城市指数，还有一些指数是由大学、基金会、城市政府和企业合作开发的。完善的数据库、实时数据和大数据均被用来描述城市的复杂性。随着越来越多来自亚洲、拉丁美洲和撒哈拉以南非洲地区的组织参与其中，城市指数产业正变得越来越全球化。

现在，全球城市指数已经超过了200个，对全球城市的比较研究不仅关注商业和投资绩效，还关注生活质量、城市声誉和影响力、基础设施、文化设施、知识资产、创新潜力和城市韧性等方面。许多指数已被广泛接受，受到城市领导者的重视，因为它们可以测度城市全球化进程，有助于推动内部改革。

一些指数因高质量、影响力或全面性脱颖而出（见专栏5-3）。在总结了200多个指数后，我们发现对全球城市的比较研究主要集中在以下四个方面。

**专栏5-3　　六个主要的全球城市指数**

**中国社会科学院的“全球城市竞争力项目”**

全球城市竞争力项目是一个主要由中国、美国和欧洲的大学合作的项目，全球城市竞争力指数是最早开发出的测度全球城市的主要指数之一。在该项目中，中国学者负责收集大量数据，主要从生产力和企业绩效两方面衡量城市竞争力。该项目的研究报告测度了全球500座城市的竞争力，使用的9大指标既包括硬性指标，也包括诸如创新能力等软性指标。测度结果显示，北美城市在竞争力上表现出色，其中芝加哥和洛杉矶的排名几乎高于其他所有城市。该项目的研究者认为，城市之间的竞争力差距正在拉大，城市品牌营销、大都市一体化，以及对小微企业的扶持对于提高城市竞争力至关重要。

**科尔尼管理咨询公司的“全球城市指数”**

科尔尼管理咨询公司是全球城市指数开发领域的先行者之一，自2008年以来，该公司发布了一系列全球城市指数，作为以国家为关注重点的全球化指数的有益补充。由于全面性和独特定义，该指数已成为关注度最高和最权威的指数之一。与其他指数不同，全球城市指数不仅关注企业集中度和人力资本的广度与深度，而且关注城市依托于报纸和互联网等媒体的国际交往能力和影响力，评估城市政治的代议程度。该指数的前提性假设是跨行政区的影响力而非城市的绝对规模是影响城市成功的决定性因素。该指数强调了建立保持相互联系的交流网络与相关制度对于城市发展的重要性。

**“全球实力城市指数”**

全球实力城市指数最早是由日本都市政策研究所（Institute for Urban Strategies）与森纪念财团共同开发的，是全世界对城市系统进行评估最严谨的指标之一，融合了处于世界最前沿的城市研究者的智慧。该指数为东京提供了宝贵的测度工具，强调研发能力、环境资产，以及居民和游客对城市品质形成的抽象印象。该指数还进一步细分了城市对不同“目标群体”的吸引力，包括职业经理人和艺术家等。在研究方法上，关注功能性和可持续性，认为欧洲小型城市在这一方面处于全球领先地位，而首尔是世界排名前10位中最大的黑马。

**“全球智慧城市指数”**

全球智慧城市指数是由西班牙IESE商学院于2014年第一次发布的全球性指数，该指数首次增加了一个全新维度，强调城市规划、公共管理、技术与社会凝聚力等方面的重要性。该指数提出，城市规划与领导力对于全球城市实现高效和可持续的目标至关重要。成熟的全球城市因拥有完善的领导力、世界一流的人才储备和对技术领域的投资而表现优异。

**“全球城市调查”**

关于房地产投资者的指标已经成为城市排名的重要特征。奈特·弗兰克（Knight Frank）的“全球城市调查”正是一项关于房地产投资者的全球性评估研究，旨在探究哪些因素影响富人在进行不动产投资时的区位选择。根据该指数，政治影响力与智力活动是非常重要的影响因素，因为全球城市需要一个“多方面的吸引力基础……应包括那些能够决定全球议程和塑造世界的思想与价值观”。

此外，全球城市中的研究机构还会针对城市具体情况设计一些评价指标，以跟踪研究该城市的绩效情况。多伦多区域贸易委员会以“经济繁荣评分卡”为工具研究了24座城市，发现便捷的交通网络与优质的宜居性对于吸引人才非常重要。在该研究的评估结果中，巴黎、卡尔加里和奥斯陆一直名列前茅。

## 宜居性

宜居性指标表明，许多处于领先地位的全球城市正面临着基础设施投资缺乏、住房供给不足和就业岗位削减等问题，这使这些城市的居住成本上升和包容性下降。中欧和加拿大一些规模较小的城市在宜居性方面表现得更好。然而，关于宜居性这一指标仍然存在较大的争议，一些学者认为其过于关注细枝末节，从而导致对西方城市存在误解，并且应用范围也不够广泛。

## 创新经济

创新经济是比较研究的主要领域，因为创业公司和数字技术创新正是全球城市所渴求的发展机遇。创新经济指标反映出，像得克萨斯州奥斯汀和阿姆斯特丹这样的城市之所以得以快速发展，是因为它们能够吸引青年劳动力来此就业，并创造条件帮助他们在此定居。尽管目前因缺乏关于亚洲和非洲城市创新的可靠数据而导致难以对全球创业整体情况进行评估，但创新经济的指标已开始被应用于创新政策与生态系统等方面的全球城市比较研究。

## 可持续性与韧性

可持续性与韧性已成为测度全球城市的主要方面。过去相关的比较数据难以获得，但目前一些机构和组织已在城市政策、空气污染水平、基础设施耐用性和资源利用效率等方面开发出比较研究的新方法。英国工程公司奥雅纳（Arup）和C40城市气候领导联盟（C40 Cities Climate Leadership Group）关于全球城市网络的工作推动了这一领域的比较研究。2016年，传感器与手机应用技术为更准确地进行城市可持续性比较研究提供了技术条件。

## 声誉与影响力

声誉与影响力主要通过调查公众舆论和决策者态度来把握和比较难以测度的城市形象。成熟的全球城市往往拥有持久的声誉，即使是在经济发展缓慢时，其声誉亦较少受到影响。这项指标也有助于那些新兴全球城市了解其与那些成熟的全球城市之间的差距，并帮助正在走向全球化的城市对其旅游与商业品牌进行准确评估。

从以上简要介绍中可以看出，用于比较研究的全球城市指数涵盖范围很广。但由于概念上和数据上的不足，导致某些维度尚未有相关指数触及。

也许更重要的是，在城市治理方面几乎没有相关的比较研究的测度方法，无论是在财政能力方面，还是在城市领导力和大都市制度框架等方面。这些方面对全球城市的发展至关重要，但却缺少能够对其进行有效测度的比较研究框架。

其他不足之处在于缺乏空间开发、与需求相关的房屋供给，以及开发强度策略等方面的比较研究框架。此外，在社会与经济融合、文化多样性与交流、群体或城市体系关系和全球城市创造投资回报能力等方面也缺乏相关的比较研究。这些都是未来需要重点研究的领域。

## 本章小结

近 100 多年，全球城市已经成为学术界的一个研究领域，尤其是近 25 年来，相关研究日益成为热点，积累了大量研究成果。但由于研究成果往往基于不同的政治和理论假设，因此并没有形成一个公认的全球城市概念框架。但是学术界广泛认同的是，越来越多的城市正在经历全球化，而且全球化的时间历程和经济路径比以往更丰富多样。尽管目前仍处于起步阶段，但测度全球城市的指数数量在未来全球化浪潮中将会持续增长，并且指数将变得更为精细，更能反映差异性。

# 第六章　今天的全球城市

在 2008 年至今的全球化浪潮中，主要有三种不同类型的全球城市（见图 6－1）。第一种类型是成熟的全球城市，例如

图 6－1　2008 年至今的全球化浪潮中的全球城市类型

伦敦、纽约、东京等。这些城市在过去30～50年间一直拥有着全球统治力，而今天它们则是企业总部的聚集地、金融中心，甚至国家首都。第二种类型是崛起中的全球城市，例如伊斯坦布尔、圣保罗、上海等。这些城市是经济高速发展的新兴经济体中的首位城市，它们在推动所在国家融入全球要素流动网络中发挥着重要作用。第三种类型是新全球城市，例如布里斯班、开普敦、奥斯陆、圣迭戈、智利的圣地亚哥、特拉维夫等。这些城市往往规模较小，但宜居性很高，通常从事生命科学、数字技术、技术融合和城市贸易服务业等新兴全球化产业。

除了上述三种类型外，还有其他几种类型的全球城市，反映出目前城市融入全球经济一体化的多样化路径（见专栏6-1)。我们也许认为奥克兰是一个宜居城市，釜山是一个港口城市，曼谷是一个旅游城市，但这些城市都处在全球化进程之中，正在融入一个更大的全球城市网络中。随着时间的推移，当这些城市在发展目标上更明确，在发展战略上更明晰，在发展路径上更多元时，它们将逐渐发展成为三种主要类型的全球城市中的一种。

## 成熟的全球城市

如第五章所述，对全球城市的测度结果显示，少数全球精英城市拥有特殊的优势资源，但也面临着挑战。这些城市大多数从20世纪60年代起就开始抓住机遇融入全球贸易体系，经历了至少3个全球化周期。因此，这些城市全球化水平很高，从事的业务常会涉及多种语言，以多国货币作为交易媒介，并跨越多个时区。成熟的全球城市的突出特征在于，它们拥有大规模跨国企业集群，公共基础设施完善，散发着很强的文化吸引力，具有真正的全球影响力。

共有6座城市拥有上述特征：伦敦、纽约、巴黎、东京，以及近年来新加入的香港和新加坡。这些全球精英城市被称为世界经济的“指挥控制”中心（见专栏6-1）。随着大都市区新的权力结构、影响力与成功模式的出现，这一概念框架已经有些过时。但由于其具有稳定的政治、丰富的劳动力资源、完善的法律和监管框架，以及专业化制度体系等优势，这些全球中心仍然具有独特的竞争力与对资本的吸引力。目前，每一座城市都在大力发展新兴产业，整合新技术，探索新市场。

**专栏6-1　　纽约：世界商业之都**

纽约是一个成熟的全球城市，在过去100年间始终保持着全球领导力。1918年它为一战中动荡的欧洲提供资金（1945年二战时亦是如此），此后便成功登上了全球金融之都的宝座。虽然纽约的制造业在20世纪60—70年代衰落，但它却及时进行了产业升级以适应新的世界秩序。当美国和其他国家的跨国公司将生产部门迁往发展中国家时，金融、信息服务、管理咨询和法律服务却向纽约集中。多年积累的专业知识和新一代企业家使纽约在全球贸易新格局中发挥着重要的协调作用。在历任开放型市长的大力支持下，这些快速发展的新兴产业吸引全球公司在此聚集，开启了新一轮投资热潮，从而帮助城市摆脱了衰退的危局，让人才重新回归纽约。

今天，纽约大都市区拥有 2 000 万人口，是美国最大的出口口岸，2014 年商品和服务出口额为 1 270 亿美元。除了在商界的领导地位外，纽约还充分利用其拥有大量青年才俊和跨国企业的优势打造国际化的城市文化形象，成为艺术、媒体、时尚、电影、数字化领域、文化产业的领导者。历任纽约市长都致力于维持城市对新移民的开放、包容态度。自 2008 年以来，技术领域的大量投资使纽约成为一个真正多元化的全球城市以及世界商业之都。

注："世界商业之都"是纽约市经济发展公司（New York City Economic Development Corporation）的注册商标。

当然，全球精英城市并非一个封闭的小圈子，这些城市也面临着来自外部的激烈竞争与挑战，潜在的挑战者是那些希望通过完善基础设施和交通网络而跻身全球精英城市之列的城市。在崛起中的全球城市看来，这些全球精英城市的领导地位也许是脆弱的，因为后发城市可以从先发城市的错误中吸取教训，抓住因先发城市的需求溢出而产生的发展机遇。最有可能跻身全球精英城市的候选城市包括首尔、多伦多和悉尼，因为这 3 座城市已经聚集了一些重要的金融公司、企业总部和公共组织，同时还拥有良好的宜居环境。

成熟的全球城市在拥有巨大城市规模、较快发展速度、新兴市场需求、大量投资者与企业的同时，也不得不忍受由此带来的一系列负外部影响，包括交通拥挤、通货膨胀、环境问题、住房供给不足，以及中低端劳动力无法获得好的就业机会或无法负担住房。

由于制度惯性，这些城市在推进体制改革的过程中往往面临异常复杂的问题，不可能一蹴而就，有时甚至要付出巨大的代价。在集权制国家里，解决上述问题往往需要依赖于国家政府的相关改革措施，例如，伦敦的财政权下放与吸引投资、东京商业友好型区域的设立以及巴黎区域基础设施和创新平台的建设都是在国家政府的支持下得以实现。

在分权制国家里，往往依靠市场力量实现吸引投资与协同管理之间的均衡，例如纽约市机场建设。而对于像新加坡和香港这样的自治或半自治城市，更大的问题在于在有限的土地资源约束下如何使建设项目落地，以推动经济增长。

## 崛起中的全球城市

在快速发展的大型经济体中，首都城市与大城市发挥着国际活动门户和经济发展引擎的作用。在 2008 年至今的全球化浪潮中，这些城市正在成为真正的世界城市。根据全球化与世界级城市研究小组与网络组织的研究，在今天全球化程度最高的 100 座城市中，近一半是中等收入和低收入城市[①]。同时，超过 1/4 的年收入超过 10 亿美元的跨国公司将总部设在崛起中的全球城市[②]。这些城市在经济上的表现正变得日益满足全球化的需求。

崛起中的全球城市在本国经济中发挥着商业之都的作用。由于在以往全球化浪潮中缺乏对快速增长的有效监管，在 20 世纪 60—90 年代，许多国家经历了疾风暴雨般的城市化过程，出现了很多大城市。尽管这些城市面对着来自人口规模、城市治理与政策实施等方面的一系列挑战，但这些城市往往能够获得国家政府的积极支持，因为它们被视作向全球资本和市场开放的门户。为了增加在全球合作中的收益，大多数城市正处于经济结构调整与大都市区重组的动态过程中。

崛起中的全球城市都有各自不同的贸易专业化领域。上海、深圳、利雅得和台北等城市主要从事金融服务业和商业服务业。其他一些城市，特别是在东亚，在很大程度上依赖于硬

---

① GaWC. "The World According to GaWC 2012," 2013（www. lboro. ac. uk/gawc/world2012t. html）.

② Richard Dobbs and others. Urban World：The Shifting Global Business Landscape（New York：McKinsey Global Institute，2013）（www. mckinsey. com/global-themes/urbanization/urban-world-the-shifting-global-business-landscape）.

件行业和工程制造业。此外，还有一些依赖于资产管理、房地产开发和科研创新产业的区域中心城市，以及依赖于物流业和旅游业的战略枢纽城市，前者如圣保罗和莫斯科，后者如伊斯坦布尔。

崛起中的全球城市并不都处于同一个发展阶段，其中上海和北京位于发展前列，拥有强大的城市管理工具，并在全球承担着重要的角色（见图 6－2）。它们已经开始将低附加值的产业和非专业化活动转移到邻近的城市和郊区。还有一些城市由于具有完备的基础设施网络而成为新兴的重要投资门户，有力

图 6－2　上海：崛起中的全球城市

图片来源：格拉斯·詹尼斯（Glas Jannes）拍摄，上海浦东外滩的全景照片。

地推动了大都市圈的经济增长。吉隆坡、台北、伊斯坦布尔、布宜诺斯艾利斯和圣保罗便是这类城市，但在生活质量、基础设施和城市治理等方面，这些城市尚需完善（见专栏 6-2)。

很多城市都有潜力成为崛起中的全球城市，但这些城市普遍处于低收入水平，面临着基础设施供给不足的问题。孟买、马尼拉和雅加达都渴望晋升为全球城市，但由于领导力、治理和协调能力欠缺，在具体项目实施过程中面临着很多困难。还有一些大都市虽然展现出一定的国际化趋势，但却未能完全融入全球价值链，面临着青年人的高失业率和低消费需求等难题。对于达卡和拉各斯这样的城市，提高地方治理能力以获得稳定的政治环境是其加快全球化进程的前提条件。

通过上述不同的城市类型，我们可以看出：崛起中的全球城市的崛起并非千篇一律的过程。一些城市正在当前的全球化浪潮中迅速走向全球化，而另一些城市还未完全开启全球化进程，也许要等到下一波全球化浪潮。城市在全球化进程中的表现通常和依托于财政创收的投资增长能力、私营部门的成熟度，以及与国家政府合作的能力密切相关。许多崛起中的全球城市目前面临的困境正是成熟的全球城市在 50 年前试图解决的问题，包括：如何避免或减少对小汽车的依赖，城市如何应对人口增长压力，如何实现城市多中心结构，以及如何解决环境问题来提高城市宜居性等。

## 专栏 6-2　伊斯坦布尔：欧洲最新晋的全球城市的未来

伊斯坦布尔正在重新获得全球影响力，并成为今天的崛起中的全球城市。该城市的复兴起源于 20 世纪 50 年代民族国家对工业的大力投资，这导致了人口迅速增长和消费阶层的涌现。到了 80 年代，军事政变后的土耳其进入了经济自由化时期，向外来投资打开了城市大门。伊斯坦布尔成为工业和金融服务业的区域枢纽城市，1984 年大都市区政府的成立使该市开始对城市发展进行管控。

由于进入欧洲与苏联国家市场的渠道得以改善，土耳其与伊斯坦布尔的领导层开始致力于推动城市转型为全球中心。于是，大量住房与基础设施投资开始启动，城市对金融业、物流业和旅游业的需求也逐渐增加。今天，伊斯坦布尔已成为全球十大旅游目的地，第三座机场、第三架博斯普鲁斯海峡大桥，以及公路和铁路网络都在建设中。一个新的伊斯坦布尔金融中心正破土而出，政府则在大力推动技术创业计划的实施。这座城市积极举办各种国际会议和节日庆典，并获得了“2010 年欧洲文化之都”的称号。当欧洲公司计划开拓东方市场时，伊斯坦布尔成为设置区域总部的理想城市，也是土耳其公司进入前苏联地区国家房地产业、金融业和建筑行业市场的重要窗口城市。

## 新全球城市

在 2008 年至今的全球化浪潮中，涌现出许多具有高度专业化水平的小型全球城市。这些城市既非成熟的全球城市，也非崛起中的全球城市。虽然城市规模小，但却拥有高收入的人口、优质的宜居环境和完善的基础设施。同时，这些城市很少面对恐怖主义、空气污染、交通拥堵、高房价或贫富差距大等在大城市常见的问题。与前述两类全球城市不同，它们往往不是所在国家或地区城市体系中的核心城市，因而本书将其称为“新全球城市”。

新全球城市的国际化道路通常源自少数具有比较优势的专业领域，即这些城市规模小且宜居性高，而且对相关产业或人才具有吸引力。其中，一些城市成为知识、文化或娱乐中心，但大部分城市则从事高科技、创新、科学研究等领域，并成为国际会展与高等教育领域中的重要城市。

由于新全球城市很少承担重要的政治职能，因此在发展道路的选择上具有一定的灵活性，它们往往通过自由竞争成为人才和创新的高地。

新全球城市的诞生主要有以下四个驱动因素：经济重心的变化、全球中产阶级规模的扩大与流动性的增强、大城市的需求外溢，以及新技术对旧有生产方式、整合方式与消费模式的颠覆。新全球城市还在很多全球贸易行业中参与竞争，特别是在数字媒体、城市服务、娱乐和生命科学等领域。它们可以为某个具体的全球增长模式量身定制一套体系。随着越来越多的全球贸易行业出现，城市正在依靠不同的路径实现全球化目标，例如迪拜的金融、布里斯班的数字技术、迈阿密的贸易、海牙和日内瓦的外交、班加罗尔和西雅图的创新、洛杉矶的艺术创作、巴塞罗那的旅游和华盛顿特区的政府机构等。

在这样的背景下，新全球城市吸引着越来越多的全球商业和房地产投资，为投资者提供了优越的投资平台，包括高收益回报率、良好的监管环境，以及适应于商业增长不同阶段的制度灵活性①。当然，这些优势不会永远存在，因为在经历了一至两个全球化周期后将可能出现一些不可预见的影响因素。

## 全球城市的晋升路径

在当前的全球化浪潮中，全球城市的类型已变得更加多元。无论是建立品牌联盟（例如斯德哥尔摩），还是增强大都市区治理的适应性（例如悉尼），或是投资基础设施平台（例如迪拜），城市充分利用多样化的资源和优势参与全球经济的竞争，并推行内部改革。

虽然先发城市的优势仍然突出，但全球化所需的关键资源

① See JLL Global Cities Research, "The Global 300 City Toolkit," 2016 (www. jll. com/cities-research/Documents/cities _ research/Comparison/cities-microsite/bubble/Clustering . html).

却日益在不同规模、拥有不同禀赋、处于不同区位的城市之间更均衡地分配。与过去相比，越来越多的城市制定了适合自身的全球化道路。这就产生了一个问题：城市应该采取什么样的全球化路径，以充分发挥其掌握的资源禀赋优势？这些资源包括贸易网络、企业家精神、创新、探索发现和地缘政治机遇等。这些都可能在某一波全球化浪潮中成为主导性因素。

尽管存在着多种全球化路径，但这些路径的共同点是要树立全球意识，在充分了解自身优势的基础上，建立灵活且稳固的治理体系，以应对潜在的负外部影响。在全球化进程的关键时刻，公共和私营部门的领导者必须抓住全球机遇，通过必要的体制机制创新帮助城市晋升为全球城市。以下是五种通过不同路径成为全球城市的城市类型。

- 长期从事全球贸易的城市

全球城市的发展历史表明，许多城市由于长期从事商品贸易而逐渐发展成为国际贸易中心。此类城市在经济上具有高度的独立性，依靠自我组织的商业精英网络推动商业活动。

这些城市拥有的财富和发展机遇吸引了大量移民，尤其是当世界其他地区遭遇冲突、迫害或疾病的时候。由于拥有“安全避难所”的声誉，商人、企业家、知识分子、艺术家和资本大量涌入这些城市。商界领袖深度参与城市决策过程可帮助城市抓住全球机遇，为实现全球化目标制定相应的战略性方针。

在一个具有广泛执政基础的城市领导层的有效治理下，海运、航空和铁路等连通其他城市的交通基础设施在公共财政的支持下得以定期更新和完善。

经历了数个发展周期后，由于高等教育机构和思想自由观念的推动，移民、投资、知识和创新能力在这些城市中变得越来越重要。在教育、文化和体育等领域的日益国际化意味着这些全球城市能够打造充满文化活力、专业精神和发展机遇的优质城市品牌。

## 汉堡

汉堡是经由上述途径晋升为全球城市的典型代表。汉堡早期的发展优势可以追溯至汉萨同盟的全球化时代，优越的战略区位、丰富的自然资源、稳定的政治环境，以及便捷的商业网络都是汉堡拥有的发展优势。后来，这座城市在政治上获得了高度自治权。虽然其独立地位也会不时地面对来自帝国专制君主或战争的威胁，但城市中的商人阶层凭借手中的财富和权力确保了商业利益不会被政治力量长期左右。

在几个世纪之后，当新的生产模式开始推动经济转型时，汉堡进入了全新的发展阶段。自 20 世纪 80 年代以来，这座城市便开始通过扩大港口规模来保持和加强自身优势。作为一个多元化的贸易城市，汉堡掌握着多种技术与信息资源，以适应新的人力资本需求、工作岗位，以及基础设施和设计需求。汉堡的港口城开发项目已成为欧洲领先的滨水开发项目之一，该市的国际建筑展 IBA 一直以来在房屋设计创新领域都代表着最前沿的实践。如同过去一样，交通网络的便捷性对于汉堡未来的发展至关重要。在与中国的贸易中，为了保证大型集装箱货轮能够顺利通行，汉堡计划疏通易北河，并拓宽航道。

● 把握住地缘政治机遇的城市

一些全球城市的经济实力在所处区域中并不拥有优势地位，但这些城市却因为某些历史的机缘巧合脱颖而出。这些足以影响全球城市发展的历史事件主要包括：

1. 周边中心城市的政治衰落；

2. 进入新兴市场的天赐良机；

3. 复兴旧有贸易网络的新机遇；

4. 法律和监管环境的突变。

通常当出现利好的地缘政治或历史事件时，往往还需要国家层面的支持予以配合。政治权力的下放、大都市区政府的成立、联邦资助项目的设立和理性的国家参与都能帮助城市把握住地缘政治机遇，从而提高基础设施投资率，并制定优惠的关税和产业政策。

具有执行力的政府机构能够充分利用历史事件作为催化剂，推进城市融入全球化进程。新加坡和慕尼黑便是这类城市的代表，在政府战略和市场需求的双重推动下，这两座城市有计划地实现了在先进制造业、航空航天业和传媒业等领域的专业化。

以这一途径实现全球化的城市，无论是依靠国家政府专项资金，还是依靠地方政府融资，都必须保证对优先发展的经济领域的投资，帮助城市在交通和物流等方面建立优势，吸引人才和企业。商业网络的作用非常重要，城市领导者必须了解全球趋势，努力发展有影响力的领导网络，在出口贸易和新移民等方面保持全球视野。

如果逐渐失去最初的发展优势，那么就需要建立新的发展优势。这类城市通常在研发和服务等行业拥有专业化水准，在航空业、银行业和保险业等领域与其他城市建立了贸易伙伴关系。但面临的挑战往往是其成功模式在更广泛的大都市区范围内进行推广的协调问题，要避免先发城市通过对住房和发展机会的人为限制阻止后发城市加入区域的共同发展愿景中。

## 多伦多

在 1945 年后的全球化浪潮中，多伦多对于自身全球定位达成共识，树立全球意识，并成功地提升了全球竞争力，而且其全球意识与其地理区位密切相关。二战后，多伦多的地理区位优势日益重要，主要得益于如下历史发展机遇，包括：与其他英联邦国家之间密切的贸易联系与移民，拥有英美法系传统，毗邻不断扩大的美国市场，以及在加拿大法语区独立运动期间与蒙特利尔之间的航空联系等。在充分利用上述机遇的基础上，多伦多实现了快速发展，成功晋升为全球城市。

在20世纪80年代，多伦多经历了黄金发展期，对住房和交通基础设施的大力投资提高了城市的宜居性，并在随后数十年间对新移民与游客保持着持续的吸引力。多伦多还具有成熟的国际领导文化，有意识地面对全球挑战。然而，其在全球的雄心壮志目前尚没有获得足够的资金支持，多伦多的全球城市故事尚待进一步观察。

● 依托创新实现全球化的城市

还有一些全球城市的晋升之路源于对科技研发、贸易知识、技术创新的积累。这些城市要么依靠已经存在的大学和医院等本地主要教育科研机构，要么依靠国家即将在本地设立的重要军事或科研机构，这些机构的存在吸引高素质移民涌入，使城市成为区域知识中心。

这类城市通常要比核心城市规模小，既服务于国内市场，又为跨国公司提供基本服务，从而积累了经验。这类城市中的跨国公司主要从商业中心城市迁至本地。由于国家和州政府对这些中小城市关注很少，因此政府管制相对宽松，有利于良好营商环境的形成，并在特定行业吸引外资。地方政府也更倾向于迎合市场需求，放宽对国际贸易的管制，从而形成去管制化的政治传统。

商界领袖在制定城市发展战略和明确城市定位的过程中具有主导性地位，城市基本发展战略是以专业化经济为主导，辅之以旅游业和生活性服务业，吸引来自全国甚至世界各地的青年才俊。这类城市面临的最大挑战之一是城市治理结构与领导力的薄弱，这可能会导致高度专业化的城市经济难以摆脱本地市场的限制。

## 南京

自明朝以来，南京一直是一座知识型和商业型城市。在 20 世纪 50 年代初建立了国家航空和军事科学研究机构。尽管在电气、机械和钢铁等行业实现了高度专业化，但当时的南京却缺乏良好的营商环境。改革开放后，尽管来自国家和省政府的支持很少，并且地方政府也缺乏有意识的领导，但商业活动与人才却逐渐聚集于此，南京慢慢形成电子产业集群，主要以平板电视生产而闻名。

在 20 世纪 90 年代，爱立信、大众汽车、夏普对南京的发展影响巨大，它们刺激了科技行业需求的快速增长。由于拥有众多高科技研究机构，南京在软件技术领域培养出大量人才，同时也通过“321 人才计划”吸引海外华人专家来南京效力。市政府积极支持推动创新，投资生物制药创新园区，举办国际创新研发峰会。南京目前已成为亚太地区教育和研究领域的领导者之一。

● 国家首位城市

世界上许多城市都是在中央政府的直接推动下开启全球化进程的，国家层面的全球化政策强有力地指导着城市或大都市区层面的发展战略。

在政治民主化转型时期，国家领导层通常会将一座或多座城市定位为全球化改革的排头兵，加大对这些城市的公共投资力度，支持其举办国际重大活动，推进城市的监管体制改革以鼓励外来投资和推动城市融入全球贸易体系。在东亚，不少全球化程度最高的城市都是经由此路径发展而来，其他地区的此类城市还包括莫斯科、智利的圣地亚哥、科伦坡。

在推进快速全球化的过程中，成为国家首位城市是一个巨大的发展优势，使城市更容易获得国内和国际投资的青睐。然而，这些城市并不会因此而自动获得长久的竞争力。国家层面发展战略的关注点不是提高城市的生产效率、宜居性和可持续性，而是提高整个国家的国际声誉。同时，由于国家领导层直接控制城市发展，因此成为国家首位城市也意味着将丧失城市发展的地方自主权。此外，国家首位城市地位的确立往往会导致大量农村人口的涌入，这将会对公共服务设施、基础设施和专业化产业聚集造成巨大压力。

## 首尔

1960年之前，在美国的支持下，李承晚拥有对韩国的统治权，他将首尔确立为韩国的经济增长引擎，由此开启了首尔的全球化进程。从一座拥有大约100万人口的城市，首尔迅速发展成为超大城市，经济结构从农业转型为出口导向的劳动密集型产业，而后又升级为先进制造业和后工业化高端服务业。

支持韩国工业垄断的“国家法团主义”政体推动了大公司对特定工业部门的投资，并使这些公司在外资的帮助下获得了低息贷款。在此背景下，三星（电子）和现代（车辆和船舶制造）等公司发展迅猛。由家族控制的财阀公司组织架构能够依据市场条件作出快速反应。由于这座城市处于总理办公室的直接领导下，中央政府在20世纪60—70年代制定了首尔的经济和土地发展政策，帮助首尔建设了完善的基础设施，并吸引了充足的劳动力储备。这种由国家主导的城市发展模式是韩国发展的核心战略。到1988年韩国举办奥运会时，首尔已被明确为“特殊城市”。

作为国家首位城市的首尔对韩国的城市体系产生了持久的影响。虽然后来的国家政策试图将发展重点向其他地区倾斜，但最终仍难以减缓要素向首都地区聚集，近几十年来韩国许多二线城市并未像首尔一般发展迅猛。到1997年，首尔都市调整规划将该地区划定为韩国最具全球竞争力的地区，这座首都城市也最终拥有了第一任民选市长[①]。

首尔在大规模城市重建项目方面也取得了重要进展，尤其是清溪川项目。该项目的成功推动了首尔的经济向创意产业和服务业转型。即使在亚洲金融危机之后，中央政府对首尔大都市区政府仍然保持着相当程度的监管力度，通过全球化战略，首尔进一步向国际贸易和投资开放。今天，随着首尔日益追求现代化和政治民主化，并向高附加值经济模式转型，中央政府对首都的直接控制也开始逐渐放松，以提高地方执政能力，避免中央政府机构在政治领域的官僚主义和在金融领域的僵化体制对城市发展产生消极影响[②]。

- **由国际重大事件或国际机构推动的全球城市**

对于一些全球化程度不高或由于某些原因已经停止全球化的城市，国际重大事件或国际机构有时会起到催化剂的重要作用。它们为城市开启或重启全球化进程提供了一条路径，帮助改善城市形象，有助于城市加快基础设施建设，形成特定的发展理念或城市吸引力。奥运会和世界杯等全球性赛事

① Korea Research Institute for Human Settlements，Growth Management of the Capital Region（Seoul：Kyunghwan Kim，2013）.

② Tom Symons. "What Can England's New Mayors Learn from the Transformation of Seoul City Government?，" NESTA，December 2，2015（www. nesta. org. uk/blog/what-can-englands-new-mayors-learn-transformation-seoul-city-government）.

无疑对巴塞罗那、都灵和温哥华等城市有着显著的推动作用，其他体育和文化活动也有助于增强城市的自信和雄心，并提高酒店和商务会议的接待能力。与此同时，权威的国际组织或非政府组织总部的设立也会极大地推动全球知识和专业化在城市的聚集，例如，联合国环境署在20世纪70年代在内罗毕设立总部对该城市的发展影响巨大，类似的城市还有维也纳和海牙。

## 维也纳

作为18—19世纪最顶级的全球城市之一，维也纳在二战后失去了许多使之能够成为全球城市的必要因素，包括多元城市人口、知识分子和前卫精神等。在随后的几十年中，维也纳市民逐渐变得故步自封且同质化。后来，由于成为东西方阵营间的国际外交中心，维也纳才逐渐恢复其在世界经济体系中的全球城市地位。

20世纪60年代，在中欧小国奥地利，时任外交部长的布鲁诺·克雷斯基（Bruno Kreisky）开始推行国际化政策，以改变维也纳尴尬的国际地位。他提出维也纳应当主持美苏之间、以色列和巴勒斯坦解放组织之间等国际争端解决对话。随后，他成功地把联合国吸引到了维也纳，国际原子能机构和联合国工业发展组织也进驻维也纳，甚至原先决定在日内瓦设立总部的石油输出国组织也最终选择落户维也纳[①]。在这座历史悠久的古城东部，一栋栋新建筑拔地而起，建设了一座专为联合国组织服务的新城。

这一举措为维亚纳注入了新的城市基因。自从联合国组织之城建成以来，进驻维也纳的国际机构数量激增。由于维也纳提供了优良的基础设施和办公环境，一些联合国组织纷纷从纽约、日内瓦和贝鲁特搬迁至此。今天，来自 110 个国家的 5 000 名拥有治外法权的联合国员工在联合国组织之城工作。

随着冷战的铁幕徐徐落下，国际机构集群优势帮助维也纳成为欧洲的地缘政治中心。此外，维也纳还从与东方的跨境贸易中获得了巨额财富。中欧和东欧的信贷业务增长主要源自 3 家总部位于维也纳的奥地利银行的推动，分别是莱芬森银行、第一储蓄银行和奥地利银行。维也纳证券交易所持有布达佩斯、布拉格和卢布尔雅那交易所的大部分股权。欧盟区的扩大也鼓励人员和投资的流动，而维也纳一度被视为中欧地区包容度最高和文化最发达的城市之一。2005 年，维也纳的外国人数量几乎是 1980 年的 3 倍。如今，绝大多数创业者是移民，他们主要集中在信息技术产业，同时维也纳还拥有超过 4 万名国际学生。

---

① Ian Skeet. OPEC：25 Years of Prices and Politics（Cambridge University Press，1988）.

## 本章小结

尽管不同类型的全球城市有着不同的全球化模式，但对于那些成功晋升为全球城市的城市而言仍然可以找到一些共同要素：

1. 支持贸易领域的专业化；
2. 吸引和留住多元创业人口；
3. 培育创新能力，提升影响力；
4. 率先发现新的市场、商路、产品或服务；
5. 善于利用地缘政治机遇。

在21世纪，这些要素的产生、交互作用和维持在不同城市有着不同的实现途径。不同类型的全球城市有其特殊的角色和资源禀赋，要想达到目标，就必须对此有清醒的认识。

成熟的全球城市已经经历了40年以上的高速发展。这些城市的领导者主要考虑如何保持城市发展动力和避免陷入停滞或衰退，因此他们常常面临三个问题：(1) 如何管理和投资于城市发展；(2) 如何在主要产业保持全球领导地位和专业化水平；(3) 如何解决地方政府与国家、州等上级政府之间的张力关系。

由于这些城市在世界上处于领先地位，对人才和投资有巨大吸引力，因此由长期需求与供给限制带来的负外部性问题日益凸显，包括：物价飙涨、贫富差距拉大、住房结构性供给不足、基础设施需要扩建与更新，以及与经济地理新局面不相适应的制度安排等。如果缺乏有效的城市发展管理体系，这些城市将面临人口超载和资产泡沫的风险。建立这一管理体系需要新的投资形式、体制改革，以及来自市民组织和商业组织的协同治理，要实现这些都需要在政治上进行改革。

虽然成熟的全球城市在如何满足公司总部和高端服务业的需求方面已经拥有了丰富经验，但是现在许多城市正致力于推进经济结构多元化，努力提供既能满足新兴技术创业公司需求，又能满足既有的银行和公司总部需求的营商环境和商业生态系统。这就要求城市需要根据不同行业高度细微的需求差异建设不同类型的商业区，同时确保“旧经济”与“新经济”的良性发展，并鼓励双方通过贸易、投资和技术分享相互支持与共同发展。因此，城市发展、新土地用途、新经济部门以及新一代企业家的适应程度对成熟的全球城市保持和提高领先地位至关重要。

这些全球城市在其所在国家或州的政治环境中往往还面对广泛的批评与反对，其成功经常被认为会造成区域间发展不平衡，并导致其他小城市发展落后。因此，这些全球城市的一个关键性任务是在全体国民中形成一种支持全球化的共识，充分利用国家为城市提供的竞争优势，以应对伴随着全球领先地位而来的挑战。专栏 6－3 显示了成熟的全球城市可采取的一系列应对策略。

崛起中的全球城市主要面临着自身能力不足的问题，全球化战略成功与否取决于能否顺利解决三大挑战：（1）为基础设施建设建立灵活的融资渠道；（2）吸引和培养人才，努力提高本地居民的劳动技能水平；（3）对大都市圈的空间组织形态进行规划。如果没有相应的制度和策略来解决上述问题，崛起中的全球城市将难以保持高速经济增长，也很难成为受到高附加值国际经济活动青睐的目的地（见专栏6－4）。

**专栏6－3　成熟的全球城市可采取的应对策略**

人口政策：说服上级政府不要限制移民的迁入，同时防止人才外流。

住房政策：通过多项措施增加住房供给，安抚城市中业主反增长的情绪。

社会公平：通过社会、空间和教育等政策提高城市包容性。

可持续政策：在适应气候变化的国际潮流中处于领先地位，提高城市韧性。

土地政策：通过大规模市区重建推动城市空间品质的提升，有效利用土地。

商业政策：建立服务于企业和创新经济的税收制度和营商环境。

人才政策：帮助人才进入相应的就业市场，建立全国范围内的劳动市场信息公开制度。

基础设施：大力推进基础设施和智能化整合建设，例如，多式联运，水、废物、能源智慧处理等。

经济发展：确保新兴创新产业的创业者能够负担得起生活和工作成本。

城市品牌与形象：在全球城市竞争加剧的环境下，保持鲜明的城市形象。

大都市圈治理：在区域内展开网络化协作式治理。在加强大都市圈治理权力的同时，避免监管体系过于复杂。

府际关系：完善与中央政府之间的财政安排，与二线城市发展更紧密的合作关系。

**专栏6-4　崛起中的全球城市可采取的应对策略**

人口政策：对于人口增长和农民工，建立更透明的管理制度。

住房政策：提供优质和可持续的保障性住房，以满足城市发展的需求 。

社会公平：消除社会隔离与排外，扩大公共服务的覆盖范围。建立包容的公共交通体系，改善通勤条件。

可持续政策：制定更具韧性的发展战略，以应对气候变化、水资源短缺、洪涝和地震灾害。

土地政策：提高城市土地的利用率。建立更有效的空间治理制度，加强城市与都市圈之间的联系。

商业政策：提高劳动生产率，完善法律、税收和监管制度。提高透明度，增强商业信心。

人才政策：保持对国际人才的开放性，培养国际视野和营造多语言环境。

基础设施：发展快速装配项目，解决基础设施和基本住房短缺问题。

经济发展：为新经济与新兴创新部门提供更大的支持。

城市品牌与形象：在全球打造鲜明的城市形象，实现自身的品牌承诺。

大都市圈治理：加强城市政府的治理能力，增加城市政府的治理措施，推动治理体系的完善。

府际关系：推动中央政府对大都市议程和空间经济的认可。改善财政与激励体制，避免无序扩张，抓住发展机遇。

城市需要精心制定发展战略，建立适当的激励制度以吸引和留住国际和本土人才，提高对人才的吸引力和接纳能力。如果没有国际和本土人才的结合，城市的长久成功将面临风险。大多数崛起中的全球城市还没有像成熟的全球城市那样经历多轮体制改革，因此尚未建立持久稳定的大都市区治理体系，缺乏具有丰富经验的专业机构来管理由经济增长带来的土地利用、住房和环境问题。

由于新全球城市规模较小，一旦向国际市场开放，它们可能很快便会不堪重负。因此，这类城市需要对其赖以成功的发展模式进行调整，以维持经济的高速增长，具体措施包括：（1）在全球贸易行业内扩大规模和提高知名度；（2）多元化具有领先优势的经济部门；（3）在人口总量增长和结构变化的情况下，仍然保持高品质的生活质量（见专栏6－5）。

**专栏6－5　新全球城市可采取的应对策略**

人口政策：在市政当局、大学和商界之间建立精英联盟。

住房政策：对住房类型和价格进行监管，为年轻劳动者和市民提供可负担的住房。

社会公平：通过技术创新、部门协作、市区重建和住房混合使用促进包容性发展。

可持续政策：积极倡导节能环保、低污染、绿色经济和城市韧性的发展。

土地政策：制定统一的空间战略。开发具有规模效应的项目渠道，吸引外部投资者。

商业政策：改善行业内部和行业之间的信息协作，扶植创业企业。

人才政策：在国际人才和企业家中提高知名度，保持可负担的生活成本。

基础设施：加强国际航空和港口联系，扩大市场，加快数字化网络建设。

经济发展：引进专家和提高专业化程度，推动创新、数字技术和科学研究的发展，利用举办国际重要活动和峰会的机会推动城市发展。

城市品牌与形象：营造城市营商环境，树立良好的投资信誉，保障高品质的工作和生活质量。

大都市圈治理：提供包含商业、大学和公民团体的协作式领导平台，共同协商制定大都市区发展议程。

府际关系：建立和发展良好的府际关系，积极支持国际化项目。

新全球城市必须在特定专业化领域占据全球领先地位，而要想实现这一目标必然面临激烈的国际竞争。这既需要深入了解先进行业发展所需的经济条件，又需要培育足够规模的企业，以形成多个产业集群的优势。而这一切都必须有强大的领导力和决策力作为支撑。

由于新全球城市往往只在某一领域内具有全球领先地位（例如巴塞罗那的旅游业、西雅图的信息技术产业、哥本哈根的清洁能源技术产业），因此其发展模式背后往往蕴藏着危机。

在经济增长带来的压力下，一些城市将无法保持自身的城市品牌优势。许多新全球城市在推进创新经济的规模化方面显得能力不足，而且面临着交通拥堵和生活成本高企等问题[①]。

因此，许多城市和大都市区领导机构目前都在积极地控制由发展带来的负外部性问题，努力扩大创新经济规模[②]。大悉尼委员会（Greater Sydney Commission）、巴塞罗那全球人才计划（Global Talent Program）和奥斯陆地区项目（Project Oslo Region）等都反映出地方政府在扩大城市规模的同时，致力于维持高品质城市生活这一核心竞争优势。

所有类型的全球城市都有一系列共同的特征，在不同的城市中以不同的组合方式呈现出来。这些特征的不同组合有助于解释全球城市如何优化资本、人才、贸易和思想的全球流动，也有助于城市与时俱进，避免因路径依赖而陷入恶性循环，并随着世界宏观环境的变化适时调整自身发展策略，建立新的经济发展模式。第七章将展望全球城市的未来，详细阐述它们在城市领导力方面可能面临的挑战。

---

① Ericsson. Networked Society Index 2014 ( Stockholm: Ericsson, 2014 ) ( www. ericsson. com/res/docs/2014/networked-society-city-index-2014. pdf ); Expatistan, "Expatistan Cost of Living World Map," 2016 (www. expatistan. com/cost-of-living /index) .

② Mori Memorial Foundation. Global Power City Index 2015: Summary (October 2015) (http: //www. mori-m-foundation . or. jp/pdf/GPCI2015 _ en. pdf) .

# 第七章　全球城市的未来：挑战与领导力需求

全球城市应该如何做好准备以迎接未来的挑战？目前这一问题引起了前所未有的广泛关注。不仅个别城市在推进全球化战略，一些国家和地区也在仔细评估城市系统的长远未来，这将涉及全球城市与其所在国家或地区内其他城市发展的关系，也将涉及在未来基础设施建设等方面的发展。

本章的重点在于我们能从对全球城市发展历史的回顾中获得哪些新知识，并展望全球城市在未来将面临哪些挑战。具体主要有三方面挑战：（1）如何建立和保持竞争力；（2）如何应对成功带来的问题；（3）如何建立与外部的合作伙伴关系。为了应对这些挑战，卓越的领导力至关重要。因此，本章最后总结了全球城市应当如何调整领导体系，从而更好地适应当今的城市时代。

## 全球城市的前景

2008年以来，全球进入了转型阶段。在过去的10年里，新一代的全球城市迅速崛起，改变了全球城市体系的顶层结构。麦肯锡全球研究院的研究表明，到2030年，在绝对消费量排名世界前15位的城市中，有4座城市将是新崛起的全球城市，即北京、上海、墨西哥城和圣保罗[①]。

然而，所谓的全球城市转型涉及的范围要比上述广泛得多。在成熟的全球城市中，高昂的生活成本迫使人才和投资者迁往生活成本更低的次级城市。

新全球城市的竞争力主要体现在城市品质、生活方式、开放的治理模式和合适的经济机会。许多城市在经济结构转型和劳动力培训等方面加大投入，推动自身快速成为创新经济中心。经济中心正从成熟的全球城市转向崛起中的全球城市和新全球城市，这与国家经济发展的趋势是不一致的，这一转型被普遍认为是结构性而非周期性的[②]。

现行全球城市体系在未来可能会发生更大变化，其中的原因是多方面的。最为明显的是，随着全球城市化率达到60%～

---

① Richard Dobbs and others. Urban World: The Global Consumers to Watch (New York: McKinsey Global Institute, 2016) (www.mckinsey.com/global-themes/urbanization/urban-world-the-global-consumers-to-watch).

② JLL. Investment Intensity Index March 2016 (2016) (www.jll.com/news/273/jll-real-estate-investment-intensity-index-march-2016).

70%，越来越多的城市拥有足够资产和人口以开启全球化进程，这是第一个原因。目前，全球已有500多座拥有100万以上人口的城市，并且这一总数还在以每10年约100座的速度递增。尽管并非所有这些城市都有能力或意愿晋升为全球城市，但越来越多的城市正在承担国际职能，融入全球贸易体系之中。

20年前，即使经济发达的大洲可能也只有10～15座全球城市。然而今天在欧洲、北美和亚太地区都拥有超过25座全球城市，在拉丁美洲和非洲还有许多崛起中的全球城市。

全球城市体系扩张的第二个原因与干扰因素有关。21世纪的城市深受大规模移民、气候变化、恐怖主义、流行病、环境灾难和资源冲突的影响。但这些并不会使人们远离城市，反而会进一步促进城市的全球化。

到目前为止，大多数已面临各种挑战（例如纽约的“9·11”恐怖袭击和桑迪飓风、东京的福岛核灾难、北京的水资源短缺等）的全球城市正致力于解决突发性危机，并采取措施提高城市体系在面临灾害时的韧性。但是，未来的潜在危机可能会使一些城市在抵抗灾害的韧性和快速恢复等方面暴露出能力的欠缺。全球城市在应对危机的承受能力上存在差异，但毫无疑问的是，这些外部干扰因素将会使一些城市的发展受到限制，同时又会为其他城市的全球化进程提供机遇。

此外，还有一些积极的影响因素可能会改变全球城市体系的面貌。数字技术、大数据、智能集成系统、共享经济、体验经济等生产与消费领域的创新对城市发展的影响已然显现。许多城市正在成为新兴创新经济的中心（例如奥斯汀、内罗毕、奥斯陆和深圳），发展出具有全球影响力的理念和发展模式。当今一些城市中正在出现的颠覆性创新将对世界其他地区城市化的成功具有决定性的作用。

在城市创新区中，新技术得以研发并实现商业化，这将最终推动更多城市快速发展和走向全球化。与此同时，那些没有实现智能化管理和缺乏交互式城市系统与实时公共服务的城市可能会越来越缺乏竞争力，甚至有可能陷入低效和不可持续的城市化模式。“智慧城市”和“未来城市”系统将成为促进增长的重要因素。

不管是古代还是现代，交通连通性都是全球城市的重要推动因素（见专栏 7－1）。便捷的交通网络为城市提供了进入全球市场的机会，连接城市圈和区域城市走廊的基础设施网络已成为城市长期发展和成功的关键，这些重大基础设施的兴建主要依赖于大都市区和宏观区域层面的统一规划与投资[①]。

全球城市越来越成为具有高度连通性和协作化的城市群核心，无论是作为长江三角洲经济区核心的上海，还是作为英国

---

① Parag Khanna. “A New Map for America,” New York Times, April 15, 2016 (www.nytimes.com/2016/04/17/opinion /sunday/a-new-map-for-america.html? _r=0).

北部振兴计划核心的曼彻斯特，或是作为豪登省都市区核心的约翰内斯堡。这种由基础设施和技术体系联结起来的、跨越行政边界的、城市间形成的“功能联盟”很可能在21世纪中叶成为全球城市的主要特征①。

**专栏7-1　　新丝绸之路：一带一路**

欧亚之间的铁路交通建设是中国在“一带一路”倡议下建立“新丝绸之路”重大地缘政治战略的核心内容。自2011年以来，中国重庆与德国杜伊斯堡之间的铁路运输线已全面搭建完成，将两地间的货运时间缩短至13天之内。随后，中国领导人积极推进这条纵贯东西的铁路线路网络的进一步完善，将沿线的一些中小城市连接到该网络中，包括乌鲁木齐、多斯特克、阿斯塔纳、戈梅利、布雷斯特和罗兹等。

当然，这只是“一带一路”倡议的一个方面，该倡议还围绕能源、电信、物流、法律系统和信息技术等建立了一系列基础设施合作伙伴关系，旨在为连接东西方的陆上和海上丝绸之路提供服务。该倡议的目标是在如此广袤的空间范围内实现政策统一、交通互联、贸易自由和资本流动，可以说这是一项前所未有的伟大事业。它不仅能让中国城市建立自

① Parag Khanna. Connectography: Mapping the Global Network Revolution (London: Hachette UK, 2016).

己的国际平台，而且能帮助伊朗、巴基斯坦、斯里兰卡、土耳其、海湾国家的城市走向全球化，在以中国为核心的贸易体系中获得竞争优势。

● 对全球城市的影响

城市功能与交通连通性的巨大变化对全球城市意味着什么？很显然，要晋升为全球城市并保持全球城市的地位，需要成功应对以下三大挑战：

1. 在快速全球化和城市化的背景下，找到一条在国际竞争中胜出的发展路径；

2. 应对由于成功晋升为全球城市以及快速增长而带来的各种问题；

3. 处理并解决全球城市模式面临的外部挑战。

## 学会如何在激烈的国际竞争中脱颖而出

显然，成功晋升为全球城市意味着要学会如何在激烈的国际竞争中脱颖而出，这是全球城市在未来所面临的第一大挑战。一座城市要想获得来自国际贸易、跨境服务、跨国公司、商人、企业家、移民、资本等的青睐，需要明确发展目标，营造营商环境，完善服务设施，提高城市宜居性和改善物流服务。这些目标的实现绝非偶然，即使某座城市开启全球化进程具有一定的偶然性，但随着时间的推移，维持其全球角色和国际职能仍需要不懈的努力，保持其在竞争激烈的全球城市体系中的地位与竞争优势。

什么是城市竞争力？这是一个十分宽泛且充满争议的话题。具体议题往往集中在竞争力与生产效率之间的关系、竞争力与专业化的关系（例如专业化城市比多元化城市更具竞争力吗?），以及短期竞争力（例如价格竞争力）和长期竞争力（例如附加价值）之间的关系等方面。此外，关于竞争力与外部性和意外结果的关系的争论也十分激烈。

世界银行和世界经济论坛的研究表明，提高城市竞争力并没有任何捷径可循[①]。对于经济学家而言，竞争力等同于生产效率。在城市中，生产效率是企业、创新、技术、就业、投资等要素综合作用的结果，竞争环境如何对上述要素形成有效的激励将对生产效率产生直接影响。但对于城市而言，竞争力不仅仅是指生产效率。

尽管城市与企业不同，但协调和营销对于城市发展同样重要。城市不全是在维持其竞争力，也会经常有不相称的制度体系，城市的声誉和地位会使城市不重视其竞争优势。所以城市

---

① World Bank. Competitive Cities for Jobs and Growth：What，Who and How (Washington，D. C.：World Bank，2015) (www-wds. worldbank. org/external/default/WDSContentServer /WDSP/IB/2015/12/08/090224b083c371d5/2 _ 0/Rendered/PDF /Competitive0ci000what00who00and0how. pdf)；World Economic Forum. The Competitiveness of Cities (Geneva：World Economic Forum，2014) (www3. weforum. org/docs/GAC/2014/WEF _ GAC _ CompetitivenessOfCities _ Report _ 2014. pdf).

竞争力涉及治理问题以及生产效率的驱动因素。可持续性对于城市的长久竞争力也很重要。如果失去可持续性，那些短期内提高城市竞争力的努力在长期看来将最终归于徒劳。

竞争力有助于城市有效促进处于不同行业的企业之间进行交易，创造就业机会，推动创新，提高生产效率，吸引投资，使人们共享繁荣。当然，对于城市而言，竞争力也具有公共目标，包括：增加就业机会，保障税收和公共产品投资，以及增加或维持核心资产和基本人口等。竞争力是获取资源的重要手段，这些资源能用于支持社会和环境事业的发展。但是城市之间存在的巨大差异可能会对其实现长期公共目标的能力产生消极影响。

并不是每座全球城市时时刻刻都在与其他所有全球城市在所有领域展开竞争。事实上，本书关于全球城市如何演变的历史回顾已表明，全球化路径呈现出多元化特征，不同类型的全球城市拥有不同的全球职能。

全球城市之间的竞争是一个动态过程，表现形式往往因具体情况而不同。只要竞争是公平的，不被针对某些城市的特定优惠政策所扭曲，那么竞争便能有效地激励创新与创造。这就是为什么在世界许多地方，国家政府的作用如此重要。国家政府可以帮助其主要城市在国际竞争中提升竞争力，从而给整个国民经济带来收益。

城市之间的竞争主要有如下形式：

1. 同一大洲或洲际多元化全球顶级城市之间的竞争。

虽然全球顶级城市之间偶尔也会有针锋相对的竞争，但大多数时候则是处于不同时区的洲际进行功能互补式合作。因此，尽管伦敦、纽约和香港均拥有相似的服务业，但仍然可以在不同的市场中实现高度协作式共存。当然，这些城市彼此间偶尔也会为了国际金融机构总部的设立、蓬勃发展的跨国公司的上市，或者高端媒体和信息服务业的落户而展开竞争。

2. 多元化全球顶级城市与专业化全球城市之间的竞争。

多元化全球顶级城市同时也面临着来自专业化全球城市的竞争，尤其是在后者拥有竞争优势的行业中。专业化全球城市的竞争优势在于较低税费或较少政府管制等有利的营商环境。因此，在金融、技术、软件或资产管理等行业中，纽约、香港和伦敦等城市也可能会面对来自多伦多、迈阿密、都柏林、阿姆斯特丹、吉隆坡和台北的竞争。

3. 专业化全球城市之间的竞争。

在同一专业领域中，专业化全球城市之间往往存在着大规模系统性竞争。处于电脑游戏、移动技术、生命科学、清洁技术、信息和媒体等领域的专业化全球城市往往别无选择，为了促进经济发展，只能参与激烈的全球竞争。

但对于这些城市而言，竞争的关键在于建立自身的优势和充分利用有效的资源，培育新兴企业与培养企业家，充分利用和完善城市关键性经济资产，包括技术、大学、研发机构、机场、风险投资机构、商学院和大企业总部集群等。城市要想维持竞争优势，需要有效地利用现有的资源并逐步建立起自身独特的竞争力，避免在没有优势的领域中参与竞争。

4. 职能重叠的邻近城市之间的竞争。

在同一个国家内部，不同城市之间也在争夺着经济发展机会。这种竞争通常非常激烈，例如澳大利亚的墨尔本和悉尼之间、巴西的里约热内卢和圣保罗之间、西班牙的巴塞罗那和马德里之间，以及南非的约翰内斯堡和开普敦之间。在同一个大洲的城市亦是如此，例如亚洲的香港与新加坡之间、欧洲的伦敦与巴黎之间、拉丁美洲的布宜诺斯艾利斯与圣保罗之间。

这并不意味着在邻近城市之间只存在着竞争关系。事实上，它们也有很多互补性或独特性的经济活动。但邻近城市之间的竞争正愈演愈烈也是一个不争的事实，甚至因过于激烈而导致城市错失了其他发展机遇。因此，对于许多邻近城市而言，发展的关键因素在于超越狭隘的本地竞争，把眼光放在更大范围的市场上和经济机会上。

要想成为 21 世纪的全球城市，必须要学会如何竞争，这与如何提高生产效率有关。但生产效率的提高需要多方面的协同共进，需要良好的组织和沟通。如果能够持续获得足以覆盖成本的超额回报，城市的经济发展便是可持续的。全球城市必须具有竞争意识和善于竞争的城市领导者，把竞争看作创新与进步的推动力，有意识地不断评估自身发展水平，并在与竞争对手的比较中找到自身的问题。只有拥有这种心态，才能制定出合理的发展战略，有效地部署资源，准确预判未来的发展趋势。提升城市竞争力还需要在制定发展战略时更多地吸纳企业和市场的智慧。

## 学会如何应对由发展带来的挑战

全球城市在未来所面临的第二大挑战是对经济增长的管理。全球城市在"国家"的经济发展引擎上安装了一个额外的"跨国"气缸，从而导致移民人口激增、国际投资加大，以及对土地、住房、运输、基础设施、能源、公用事业和公共服务需求的增加。如此的发展速度与规模可能会使现有的财政与公共服务体系不堪重负，从而导致财政赤字、资源短缺、生活成本上升、宜居性下降，以及污染、拥挤和贫富差距拉大等问题。如果得不到及时处理，这些问题可能会发展成为以下长期难以解决的问题：

1. 社会不平等和公众对全球城市模式的政治抵制；

2. 生产效率和竞争力的丧失；

3. 因污染、拥挤和宜居性下降，全球城市模式在可持续性上备受质疑。

为了应对在发展中面临的上述关键性挑战，需要在城市治理层面予以及时回应，以免其最终变成难以解开的死结。在很大程度上，这便是为何在今天的全球城市中，投资、治理、协同和服务供给已成为重要的行动领域。

除了学会如何提升城市竞争力和全球化水平外，城市还需要学会如何应对和处理那些由发展带来的意外后果。

因此，大都市区治理现在已成为改革关注的重点。根本问题在于，由于目前省和本地区层面的城市治理均很薄弱，几乎很少有城市或都市区拥有足够的能力来应对上述挑战。城市治理层面的缺陷主要体现在以下五个方面：

1. 破碎的治理结构。

相邻城市政府之间缺乏有效的协同机制，同时与国家和省层面的治理架构缺乏衔接，导致政治任期不一致，上传下达通道不畅，从而形成破碎的治理结构。

2. 有限的地方自主权。

城市治理的权力往往集中在上级政府手中，地方政府掌握的自主权十分有限。

3. 财政赤字。

财政赤字严重制约基础设施的建设，城市不得不去申请对重大项目的资金支持。

4. 短视的行政命令。

重大发展挑战的解决往往需要二三十年的不懈努力，然而政治任期限制导致了行政命令的短视与急功近利，不利于问题的解决。

5. 国家对全球城市议程的支持不足。

由于行政部门的条块分割、乡村或地区的选举政治优先，以及无形中产生负面结果的监管框架，国家对全球城市的支持普遍不足。

在这样的背景下，全球城市亟须进行治理体制改革，以构建良好的非正式协商治理体系。

## 学会如何发展与国家、州或省政府之间的合作关系

全球城市面临的第三大挑战是如何处理与国家、州或省政府之间的关系，以解决全球城市模式面临的外部挑战。目前，全球城市给国家、州或省级经济带来的利弊很少被详细阐述。

一方面，全球城市可以通过对外贸易和投资推动国民经济增长，提升国家的生产效率和专业化水平[①]。具体来讲，全球城市能给国民经济带来的积极影响主要包括：

1. 全球城市承担的国际职能将提高世界对其所在国家商品和服务的需求；

2. 全球城市是国际游客和访问者进入其所在国家的主要交通门户；

3. 全球城市在其所在国家中发挥着提高本国工人劳动技能专业水平的作用[②]；

---

① Parilla and others. Global Metropolitan Monitor 2014.

② Tony Champion，Mike Coombes and Ian Gordon. "Urban Escalators and Inter-Regional Elevators：The Difference That Location，Mobility and Sectoral Specialisation Make to Occupational Progression，" Discussion Paper 139（London School of Economics，Spatial Economics Research Centre，2013）.

4. 作为国家主要的商业城市，全球城市能提升整个国家的商业品牌声誉；

5. 经济集群优势和商业区位优势有助于促进基础设施的建设及服务和信息网络的形成，并在全国范围内实现共享；

6. 来自高附加值产业（例如金融业或信息通信业）的税收可通过财政转移支付制度惠及落后地区；

7. 国际公司有助于专业知识在本土企业中的传播与扩散，并为其提供进入国际市场和获取国际资本的渠道；

8. 融资和出口管理等方面的专业知识可以在制造业中创造大量的就业机会。

另一方面，作为经济增长引擎的全球城市也会给国内其他地区带来一系列消极影响：

1. 全球城市会吸引欠发达地区的高技术人才聚集于此，加剧国内区域发展的不平衡；

2. 过度集中于高附加值产业会损害其他地区的发展潜力；

3. 全球城市将吸引大量来自国家和银行的项目投资，使那些落后地区更难获得发展资金；

4. 政府的货币政策和监管政策向全球城市倾斜，以满足高端服务业发展的需求，例如，宏观政策往往更倾向于支持金融服务业或数字传媒业，而非制造业或物流业；

5. 财政转移支付制度可能不足以满足其他地区不断增长的福利需求，将生产效率高的地区的财政收入用于支持生产效率较低的地区，这种做法可能不是最佳的解决方式。

尽管关于全球城市的消极影响程度如何以及相关利弊权衡的问题在许多国家引起了激烈争论，但有一点是明确的，即全球城市在未来需要来自上级政府的对其长期发展战略的支持。要想获得这种支持，全球城市需要向上级政府展现出其对于宏观经济发展的积极影响，以及其如何更好地适应于更广泛的治理和经济战略体系，并为国内其他城市和城镇的发展带来机遇。

为了有效应对上述的三大挑战，全球城市在未来需要开发出更好的政策工具，并建立起更强大的治理联盟。

## 领导力与全球城市

领导力对于全球城市而言至关重要，它能够缩小城市之间的实力差距，影响利益相关者，以及在协同治理结构中的多主体间合理配置资源。城市领导者如何规划未来、预测影响因素，并在实施中及时作出调整，这将是关系到全球城市能否保持竞争力和全球地位的关键。

全球城市的领导力主要依托于新的城市网络、商界领袖、大学和市民组织。大多数全球城市的体制和领导力在未来可能会变得日趋分散化（见图 7 - 1）。这种多元化格局将促进全球城市的资源、思想和实力的发展，推动创新。对于未来的城市领导者来说，关键任务在于通过采取共同战略，加强合作，建立伙伴关系和利益同盟，推进改革的广度与深度，使这种分权式领导体系保持一贯性。下面我们将讨论全球城市如何通过制度改革和领导力网络扩展等方式应对竞争挑战和由全球化战略成功带来的外部性挑战。

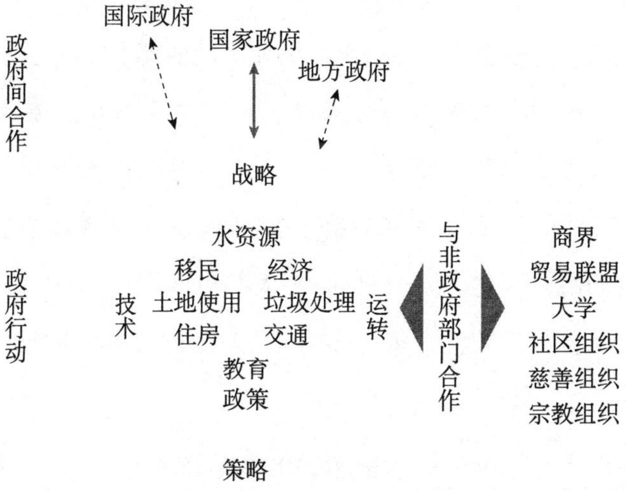


图 7－1　全球城市的领导力关系

## 全球城市的新型治理

绝大多数全球城市都超越了传统的行政边界，只有少数全球城市（例如伊斯坦布尔或上海）的大部分或全部人口归属一个行政区域管辖。更为普遍的是，原来的核心城市逐渐被更大范围的都市区所取代。由于大多数城市治理结构是在逐渐发展过程中形成的，充满了偶然变数，因此要使其有能力处理复杂的大都市区问题，往往需要通过一次强有力的改革。都市区并不存在一个不变的理想规模，因为塑造都市空间和通勤模式的技术（例如火车、土地利用模式、物流等）始终处于不断变化之中。

今天，大都市区也不再是一个相对独立的体系，而是与周边其他都市区重叠，从而衍生出更加灵活的都市空间形态。

以功能主义为导向的大都市区治理体系改革正在以或快或慢的速度在世界各地全面展开，并呈现出各种不同的形式（见表 7-1）。一些大都市区正在逐步建立城市治理联盟（例如阿姆斯特丹、伦敦），而另一些大都市区则要么在进行行政区合并（例如奥克兰、多伦多），要么在进行用地扩张（例如莫斯科）。

**表 7-1　　1990 年以来全球城市治理改革的类型**

| | | |
|---|---|---|
| 政府机构的重组 | 建立代表城市的都市体 | 巴塞罗那 |
| | 超城市的民选型政府和议会 | 斯图加特 |
| | 都市区政府和直选市长 | 首尔 |
| | 都市区组合政府 | 大曼彻斯特郡 |
| | 从两级政府向一级政府的转型 | 约翰内斯堡 |
| 地域范围的变更 | 都市区扩张 | 伊斯坦布尔 |
| | 新城市的加入 | 孟买 |
| 都市区合作协议的签署 | 区域联盟推动国际化 | 斯德哥尔摩 |
| | 经济发展导向的自发性都市区规划机构 | 西雅图 |
| 地方政府的改革 | 城市数量的削减 | 柏林 |
| | 城市的合并 | 多伦多 |

关于都市区新型治理结构能否提升全球城市生产效率以及

有效应对增长带来的挑战，学术界至今仍争论不休[①]。当面临着本地居民反对城市被纳入更大的都市区，或者出现关于税收、财政支出和政策效力的法律争论时，城市治理的制度改革经常不得不妥协。因此，并非所有全球城市的治理改革都能提高公共部门的效率和促进经济增长[②]。然而，尽管改革因利益博弈而很少是完美的，但一些全球城市已经通过改革建立了治理优势。这些优势主要包括如下五个方面：

1. 一个更清晰的全球城市领导架构，有助于地方政府与上级政府之间的沟通协作，推动城市融入国际市场；

2. 通过完善基础设施的协同和提高公共土地的使用效率，促进更具战略性的土地使用和经济发展（见专栏 7－2）；

3. 在利益冲突的城市之间建立协调、沟通和信任的基础；

4. 通过综合财政手段、吸引私人投资以及说服上级政府下放权力或分担工程成本，建立更强大的投资体系；

5. 围绕城市品牌营销和创新体系开展更大胆的实践，建构更加面向未来的公共话语体系。

---

① Enid Slack and Andreé Coôteé. "Comparative Urban Governance," Future of Cities Working Paper (London: Foresight, U. K. Government Office for Science, July 2014), p. 12.

② Rose Compans. "Metropolitan Ungovernability," R. B. Estudos Urbanos e Regionais 17, no. 2 (2015), pp. 11-24; Chris Aulich, Graham Sansom, and Peter McKinlay. "A Fresh Look at Municipal Consolidation in Australia," Local Government Studies 40, no. 1 (2013), pp. 1-20.

**专栏 7-2　智利的圣地亚哥**

智利的圣地亚哥是一个兼有崛起中的全球城市和新全球城市特点的混合体，大都市区政府被赋予了土地利用规划与变更、住房和交通基础设施建设等诸多地方性权力。

智利的圣地亚哥

在皮诺切特将军独裁时期建立的高度集权的政治框架下，圣地亚哥近年来的强劲发展主要得益于商品市场的繁荣与多样化的商业和物流活动。民主制度的重新建立将圣地亚哥大都市区的工程项目留给了分散的众多地方政府部门来管理，而这些部门之间的协作却不尽如人意。结果自然是在很长时间里缺乏有眼力的领导层来协调大都市区的发展。圣地亚哥大都市区的总人口已经达到700万，横跨六个省，包括50多个地方政府。但是城市无计划扩张、破碎的交通网络、贫富差距拉大以及住房短缺等问题阻碍了该市承担起作为区域商业中心的全球城市角色。

为了解决上述问题，圣地亚哥开启了新一轮改革。在2015—2016年，议会通过了允许地方选举州长的法案，州长被赋予了更多关于经济发展、空间规划和财政支出的自主权。改革涉及的全部范围还有待确认，但经济发展、基础设施建设，以及区域服务的提供将伴随着州长选举而确认。这标志着圣地亚哥引导经济和空间发展的能力将发生巨大转变，最终形成自身治理优势。

展望全球城市的未来，并没有一个所谓的最优发展模式。相反，它们需要的是一个灵活的体制架构，能够为协同治理提供制度空间，定期就未来目标和发展时序展开讨论。全球城市需要上级政府的认可和新的法律制度，但关键还在于发挥政府之外的公民、公民社会和商界领导组织的积极作用。

- 公民社会的作用

在大多数全球城市中，政府与市民组织的关系主要与其自身传统和政治文化有关。市民组织能否参与城市的全球化进程，以及参与程度如何主要取决于社会网络的深度和政府的内部能力。目前，市民组织在全球城市中正发挥着越来越重要的作用，从而保证了城市治理的民主性和可问责性。

如今，全球城市在推动公众参与方面主要进行了如下探索实践：

1. 公民可直接参与的智能城市和未来城市平台；

2. 参与式民主和预算制定；

3. 社交网络与数字社区；

4. 由非政府组织主导的地区管理与服务；

5. 众筹与社会影响债券*。

在里约热内卢、多伦多、约翰内斯堡和开普敦，都有公众参与的成功实践，市民组织的参与激励了创新，提高了城市的包容性[①]（见专栏 7－3）。

**专栏 7－3　　豪登省的约翰内斯堡**

豪登省大都市区拥有 1 300 万人口，国内生产总值占南非的 1/3。然而，虽然作为南非对外开放的门户，但它却面

* 社会影响债券是指由私人投资者为某一个社会管理项目提供实施资金，用于达到特定目标。如果实现目标，政府向投资者返还资金，同时奖励一份利润；如果没有实现目标，政府不作任何返还。——译者注

① Allison Bramwell and David A. Wolfe. "Dimensions of Governance in the Megacity: Scale, Scope and Coalitions in Toronto," in Governing Urban Economies: Innovation and Inclusion in Canadian City Regions, edited by Neil Bradford and Allison Bramwell (University of Toronto Press, 2014), pp. 58-87.

临着严重的社会不平等、住房供给不足和空间缺乏整合等问题。2008年，豪登城市地区观测站（Gauteng City-Region Observatory，GCRO）由约翰内斯堡大学、金山大学、豪登省政府和地方当局合作设立。作为一个都市区战略智库，该机构的独特地位在于通过实证分析有效地搭建公众和学术界之间的桥梁，推动都市区的全球化进程。

豪登省大都市区包括约翰内斯堡和茨瓦内在内的多个大都市区政府和城市政府，而豪登城市地区观测站的成立有助于减少治理结构分散破碎的问题。该机构通过数据收集与分析对都市区发展进行跟踪评价，提供政策分析，并根据现实需求与挑战进行独立研究。它还拥有世界一流的数据分析和信息图表绘制能力，主要成果包括：生活质量调查、纵向政策晴雨表和国际比较研究。豪登城市地区观测站不但帮助地方领导人、企业和公民社会分析地方发展问题与机遇，提供解决方案，也为这些个人和团体提供必要的相关知识。它帮助填补了公共部门无力填补的空白，拉近了学术界与政策制定者的距离。通过数据统一和知识分享，该机构帮助规划师和市民加深了对豪登省大都市区的了解。

● 商界领导组织的作用

商界领导组织影响城市发展的实例古已有之，从早期商业行会和贸易协会一直到18—19世纪的商会都是其中的代表。

自20世纪80年代以来，在世界各地的城市发展中再次出现了商界领导组织的活跃身影。这些商界领导组织通常是由大公司的商业领袖或有影响力的企业家组成，并在很多全球城市的决策中扮演着重要角色，例如巴塞罗那、波哥大、伦敦和悉尼等。并非所有这些组织都只包括私营部门，一些市民组织和非政府组织也会参与其中。绝大多数商界领导组织都是以发展为导向的，旨在提升城市在全球体系中的竞争力（见专栏7-4）。

由于这些商界领导组织往往具有机构精简和结构扁平化的优点，因此更有能力引领全球城市的发展，而不会被低效的制度所掣肘。它们能够超越4年或5年的政治任期和行政边界的空间限制，对整个大都市区的利益进行通盘考虑。在全球城市发展的过程中，商界领导组织的成员们在品牌推广、城市营销和战略制定等方面拥有宝贵的专业经验。对于崛起中的全球城市和新全球城市而言，成员们的国际专业经验与国际关系网络有力地推动了全球化进程，刺激了国际需求。在商界领导组织的积极参与下，很多全球城市开始重视吸纳移民、住房供给和大型基础设施建设等方面①。毫无疑问，商界领导力对全球城市非常重要。世界经济论坛的基础设施和城市发展全球议程理事会（Global Agenda Council for Infrastructure and Urban De-

① Marcel Boogers. “Pulling the Strings: An Analysis of Informal Local Power Structures in Three Dutch Cities,” Local Government Studies 40, no.3 (2014), pp. 339-355.

velopment）、世界可持续发展工商理事会（World Business Council for Sustainable Development），以及全球城市商业联盟（Global Cities Business Alliance）等组织对于全球城市发展的巨大推动作用都印证了这一点。

**专栏 7－4　商界领导力：悉尼和巴塞罗那**

商界领导组织在全球城市中可以扮演多重角色，具体角色取决于该城市现行的治理缺陷。在一些城市，这些组织甚至直接制定城市发展战略，并与政府一起主导着具体的发展思路。

**悉尼**

悉尼委员会（Committee for Sydney）对悉尼大都市区的管理发挥着重要的智力支持作用，其成员包括大企业、大学、非政府组织和地方政府，它们都关心悉尼的未来，涵盖规划、治理、交通、生活质量和竞争力等方方面面。该委员会的研究成果为新南威尔士州政府部门的决策提供了参考信息，与该州贸易与投资署（NSW Department of Trade and Investment）合作推出全球人才枢纽项目，寻求将本地技术转化为全球竞争优势的新路径。

悉尼委员会还在推动技术创新方面发挥着重要作用，强化城市的适度聚集优势，勾勒出 2055 年悉尼城市发展的长远愿景。该委员会填补了城市治理的空白，帮助悉尼以更加国际化的姿态应对未来挑战。

**巴塞罗那**

巴塞罗那有着与悉尼不同类型的商界领导组织。对于像巴塞罗那这样的城市治理结构成熟但经济发展战略不明确的城市，商界领导组织的基本原则是提高城市对人才和高附加值经济部门的吸引力。巴塞罗那全球（Barcelona Global）便是这样一个组织，它全部靠成员出资，并由私人运营，向城市中最有影响力的商界领袖、大公司和专业人士开放，旨在推动巴塞罗那跻身于欧洲10大顶级全球城市之列。之所以能够实现上述目标，是因为巴塞罗那对高端人才、国际资本和跨国企业的吸引力，以及卓越的全球声誉。

巴塞罗那全球积极与政府当局合作，增加巴塞罗那的技术储备和提高英语普及度，减少政府的官僚作风。此外，它还特别重视智力支持，对巴塞罗那在国际竞争中的优劣势进行详细研究，为评估其全球税务状况创建了财政基准，并展开了一项名为"人才监测"的定期社会调查，收集该市的国际居民和投资者对于城市的改进意见。同时，该组织还将创业训练营引入巴塞罗那，激发当地学校的创业精神，跟踪城市在数字传媒业的发展动态。为了加强大都市区的协同治理，巴塞罗那全球到处进行政治游说和公众宣传，已成为巴塞罗那在形成未来发展愿景方面的核心领导力的来源。

## 共同的未来议程

不论是哪种类型的全球城市，当面对机遇与风险时都需要一种勇于应对未来不确定性的全新态度（见专栏 7－5）。城市需要对未来发展可能出现的各种情景进行预测，并进行国际横向比较以获得一些对未来变化的启示。随后，通过大力宣传将这些信息告知市民、政府和投资者，以帮助其对未来发展趋势早做准备。在此过程中，全球城市需要在以下四个方面发挥重要的战略引领作用：（1）感知全球经济变化的敏感性；（2）有效应对增长带来的后果；（3）建立适合全球城市的治理模式；（4）为推动变革的融资能力。

● 感知全球经济变化的敏感性

在历次全球化浪潮中，不同经济部门的全球化速度各不相同，不同城市在区域和全球市场中具有不同的竞争优势。在始于2008年的全球化浪潮中，高等教育、清洁能源技术和生命科学的全球化发展迅猛，但在未来的两三波全球化浪潮中，可能将会有完全不同的经济部门参与全球化进程。在价值链和成本—收益瞬息万变的制造业中，全球有 100 多座城市正参与激烈的国际竞争。如此的竞争强度表明，一座城市要想在多轮全球化浪潮中保持经济的稳定增长，必须要不断调整产业发展战略。要想建立一个促进经济增长、提高竞争力和包容性的制度框架，城市必须细化发展策略，建立自身的技术储备，营造营商环境，为未来经济提供必要的房地产。对于每一座城市而言，要想实现上述目标都需要长期发展战略、中期发展策略和短期催化因素的有效结合。尽管最终只有一些城市会在长期经济发展战略方面作出正确选择，但这些幸运的城市却将会因此获得巨额回报。

● 有效应对增长带来的后果

当城市处于全球化进程中时，它们通常会碰到一系列外部限制因素，包括商品和不动产价格暴涨、住房供不应求、资产所有者和资产租赁者之间根深蒂固的对立、公共交通基础设施供给不足，以及经济发展结构失衡导致的中等收入岗位削减和公众对全球化的敌意加剧。在全球化进程的初期，城市政府往往无法预见到这些问题，而当后来意识到时问题却已变得十分棘手。全球城市的未来繁荣与否将在一定程度上取决于其能否学会有效应对和解决上述问题，特别是通过新建基础设施的方式促进发展。

● 建立适合全球城市的治理模式

关于全球城市的治理问题，如今人们已日益达成共识：如果全球城市不能建立更好的治理模式，那么将无法解决增长所带来的负外部性问题。因此，城市应当摆脱既有行政边界的桎梏，实行以经济功能整合为导向的跨区域协同治理，使大都市区作为一个整体得以发展和参与全球竞争。目前，全球城市正在探索各种新型治理模式，有的是通过一步到位式的体制改革，有的是通过多次渐进式的体制微调，还有的则是建立协作式领导联盟。治理挑战还意味着要避免单兵突进式的解决方案，而要采取多管齐下式的整体性解决方案，这离不开上级政府的支持。

● 为推动变革的融资能力

尽管有大量全球资本（例如国际开发银行、主权财富基金、养老基金、私募股权公司或其他私人投资者等）在寻找投资项目，但大多数全球城市的投资仍然无法满足经济增长和维持竞争优势的需求。造成投资不足的原因往往与集权式的财政体系有关，这使得城市发展严重依赖于来自上级政府的财政拨款和转移支付。许多城市的融资手段十分匮乏，难以增加地方财政收入，在基础设施建设和使用的全生命周期中难以进行有效的开发价值捕获。而且，地方政府也不知道该如何优化和包装城市资产以吸引外部投资。不少全球城市正在采取不同的解决方案以弥补上述短板，而这关键在于如何提高与上级政府和私营部门合作和谈判的能力。

### 专栏7-5　城市的未来：伦敦、圣保罗和圣迭戈

拥有不同发展资源和机遇的全球城市应采取不同的方式应对未来。

**伦敦**

对于像伦敦这样成熟的全球城市而言，25年的高速发展使得如今的城市人口已达到1 000万，城市必须积极地调动资源以缓解人口压力。新成立的基础设施建设委员会（Infrastructure Delivery Board）已经采纳了直到2050年的伦敦基础设施规划。该规划明确了需要满足哪些对城市基础设施的需求，给了公共与私人参与者信心，让他们看到伦敦清楚地知道它需要什么，以及如何实现。伦敦正在着手建设一个新的大型城市铁路项目——横贯铁路2号线。此外，伦敦还在致力于提高城市宜居性和增加土地供给量。“智慧伦敦计划”正在推动高科技经济、基础设施网络和公民社会之间的协同运转，提高城市核心系统的运转效率。土地供给一直是新成立的土地委员会（Land Commission）的关注重点，该委员会摸清了在公共机构手中的城市棕地存量，并且已经在未来城市发展周期中为13万户居民预留了足够土地。为了应对未来挑战，伦敦还在推动社会形成共识，即加强城市政府手中的财政工具和地方自主权。

**圣保罗**

圣保罗现在已经成为拉美地区主要的商业资本、房地产

和创新中心。对于这样崛起中的全球城市而言，未来的机遇与挑战并存。城市必须建设适应未来的大都市区系统，包括住房、铁路、水资源、公共卫生、防洪等方面。城市也必须投入足够资金提升城市品质，推动经济结构向服务业和高附加值产业转型。快速的交通基础设施建设需要大量投资、建设能力和满足环境评估要求。未来，圣保罗需要与上级政府合作，对那些阻碍投资的监管制度进行修订。尽管已经在城市运营方面取得了一些成绩，主要体现在通过出售额外发展权的方式将贫民窟重建为高品质公共住房，但是圣保罗还需要建立更有效的公私合作伙伴关系，吸引更多的私营部门参与到包容性城市更新项目中。圣保罗目前正在推进的大都市区机制改革得到了民众的支持，侧重于城市利益的再分配。但只有通过财政改革和为政府间合作提供更好的激励才能推动转型变革。圣保罗的商界领袖还需要在信息透明度、投资安全性和营商环境等方面发挥更大作用，制订统一的改革议程。

### 圣迭戈

对于参与全球化进程时间尚短的新全球城市而言，未来还需要通过加强合作来增加出口和加强贸易联系。圣迭戈已经意识到需要充分利用其资源基础、蓬勃发展的创新经济、紧邻墨西哥和太平洋市场的优越区位，以及高品质生活水平等竞争优势。在过去几年里，城市领导层一直致力于建立跨部门的区域合作，鼓励本土企业进入全球市场，保障外商直接投资，扩建机场和港口等基础设施。“都市连接”项目为外向型中小企业提供资金，帮助它们实现国际化目标。另一个项目“出口路线图”则有助于简化本土企业出口商品的流程。圣迭戈正在努力提升自身城市品牌声誉，举办“探索圣迭戈”等活动以获得更多的国际关注。大学和商界领袖将其掌握的专业知识有效结合起来，共同帮助像圣迭戈这样的中小型全球城市获得全球关注度和领导力。

## 未来的困境与出发点

尽管拥有不同的出发点和制度条件，但几乎所有城市都面临着上述四个共同的战略问题。诚然，当全球城市试图增加未来确定性时，仍不得不面对许多独特的具体问题。

对于受到中央政府控制较少或者甚至完全不受中央政府控制的全球城市而言，关键问题在于是应该与国家层面的政府重建一种互惠性的合作伙伴关系，还是由城市独自参与全球化进程，并为其所在国家其他地区探索出一条适合本国的全球化之路。开普敦、孟买和纽约等城市便面临着这种选择，其所在国家的中央政府并未对其生产效率和包容性发展提供相关的改革方案或公共投资。

对于处于中央集权制国家中的全球城市而言，主要面对的一个问题是如何获得中央政府对重点项目和权力下放的支持，在不影响其他城市蓬勃发展的同时，又能获得中央政府对全球城市的适度政策倾斜。伦敦、首尔、东京和华沙都面临着这种选择。此外，一些其他的全球城市还面临着来自中央政府的高度干预，而中央政府的决策也许是短视或左右摇摆的。学会如何与中央政府进行有效的战略合作将成为未来全球城市的一项关键能力[①]。

建立企业与管理机构之间的合作伙伴关系也是全球城市面临的一个问题。全球城市与全球企业彼此间的相互依赖程度正变得越来越高。城市中心的商业再城市化、作为目标商业市场的城市的出现、资本和创新的城市化，以及作为国际企业中心的城市的建设，所有这些因素的相互影响和相互作用已日趋凸显。

由于这些关系，企业在帮助全球城市应对发展挑战的过程中正发挥着越来越重要的作用。私营部门不仅进入了城市建设领域，而且成为公私伙伴关系中的领导者，例如思科之于班加罗尔和曼彻斯特、奥雅纳之于C40城市气候领导联盟。全球城市如何对这些公私合作组织的优劣势进行有效管理，并学会如

① Clark and Moonen. World Cities and Nation States.

何对私营部门的参与进行优化，将是未来决定全球城市兴衰的重要因素。

人口变化、可持续性、地缘政治、经济专业化、增长管理、都市治理、国家与州之间的伙伴关系，以及商界领导力等，这些都可以成为全球城市可能的晋升路径。今天实现全球化的方法比以往任何时候都多，全球城市的类型比以往任何时候都多，不同的全球城市在管理上也存在着更大的差异。

## 本章小结

当下一轮全球化浪潮开启之时，相信各大洲的全球城市格局将再次发生不同的变化。然而，最终形成的格局将是非常相似的，都是由成熟的全球城市和新兴全球城市组成的混合体，这些城市将扮演着不同的角色。

例如，在欧洲预计将会有 4 座顶级全球城市获得快速的发展，并变得日趋多元化，以承载更多的全球职能，分别是伊斯坦布尔、伦敦、莫斯科和巴黎，它们将处于欧洲全球城市体系的塔尖。在它们之下将会有 10～15 座高品质的次级全球城市，包括阿姆斯特丹、巴塞罗那、曼彻斯特、慕尼黑、奥斯陆、斯德哥尔摩和维也纳等。这些次级全球城市将在全球创新和旅游经济中发挥巨大作用。

与此同时，目前亚洲的发展趋势显示，到 2030 年，香港、首尔、新加坡、东京、北京和上海将成为成熟的全球城市。这些城市将在其所在区域中与其他次级全球城市（例如深圳、天津、南京和大阪）形成相互补充的分工协作体系，特别是在技术研发、贸易和先进制造业等领域。还有很多其他城市会在国际机构总部经济（例如马尼拉）、观光旅游业（例如科伦坡、西安）或软件业（例如班加罗尔、胡志明市）等领域发挥重要作用。

由于每一座城市都有着独特的发展历史和个性化的解决方案，因此需要选择适合自身的全球化途径，这涉及人口、贸易、交通网络、城市品质和城市韧性等方面。

北美、拉丁美洲和非洲将来可能也会出现类似的全球城市体系。这就是我们现在正在创造的历史，也是人类发展史中一段特殊的时期。随着在未来 75 年间全球人口逐步实现城市化，人口规模将日趋稳定，城市体系也将发展成熟。在每一个大洲都会出现 30～40 座全球城市，而不是只有一两座。

在各大洲，城市体系将会持续发展与演进。在未来 50 年，社会、文化和政治领域的广泛合作将为国际贸易和基础设施投资提供有力支撑，推动全球城市基本格局逐渐定型，并培育出既有历史底蕴又能融入未来的新贸易联盟和新商路。

尽管是在现代社会才得以形成，但这些新模式也许看起来似曾相识。根据这些模式，我们不但能够看到全球城市发展的历史，而且可以从一个个生动的故事中重新审视我们所处的现代世界。

# 致 谢

当布鲁金斯学会“都市政策项目”的同事们提出写作这本书的想法时，我感到非常高兴。书写全球城市的发展史既是一个艰巨的挑战，又是一项荣誉。我非常感谢位于华盛顿特区的布鲁金斯学会的同事们，特别是艾伦·贝鲁布（Alan Berube）、马雷克·古特曼（Marek Gootman）、乔·帕里拉（Joe Parilla）和伊丽莎白·帕特森（Elizabeth Patterson），是他们支持和鼓励我完成了这项任务。我也非常感谢布鲁金斯学会出版社的同事们，他们是瓦伦丁娜·卡尔可（Valentina Kalk）、卡丽·恩格尔（Carrie Engel），以及珍妮特·沃克（Janet Walker）。如果没有他们专业的排版和辛苦的付出，便不会有本书的顺利出版。

我还要感谢摩根大通，没有它，这本书不可能面世。摩根大通慷慨资助了布鲁金斯学会的“全球城市倡议项目”，该项目帮助大都市区领导者了解全球化的进程，并使他们意识到应当通过加强国际联系和提高国际竞争力推动区域经济的发展。希望本书能为他们提供一些有益的参考。

在我的故乡伦敦，我的研究团队成员蒂姆·穆南（Tim Moonen）博士、埃米莉·莫伊尔（Emily Moir）和乔纳森·库特里耶（Jonathan Couturier）帮助我收集案例、润色故事、校对文稿，在本书撰写过程中给予我巨大的鼓励和帮助。没有他们的奉献，本书也是无法完成的。

一些知识渊博的学者也为本书提出了诸多富有建设性的完善建议，这些建议被一一采纳，因此非常感谢他们的智力贡献。

我还必须对书中所引著作的作者们表示感谢。这些关于全球城市、全球化、城市化、国际贸易等方面的文献资料内容十分丰富，本书从中获益良多。

最后，真正驱使我接受邀请写作这本书的原因还在于我与全球100多座城市的管理者和研究者建立了广泛的工作关系，我渴望将我们之间丰富而愉快的思想交流变成文字，传之于世。致我的朋友们，谢谢你们！

**伦敦，2016年**

Global Cities：A Short History

by Greg Clark

Licensed by The Brookings Institution Press，Washington，DC，USA.

图书在版编目（CIP）数据

全球城市简史 /（英）格雷格·克拉克著；于洋，陈静，焦永利译．—北京：中国人民大学出版社，2018.7

书名原文：Global Cities：A Short History

ISBN 978-7-300-25919-2

Ⅰ.①全… Ⅱ.①格… ②于… ③陈… ④焦… Ⅲ.①城市史-世界 Ⅳ.①K915

中国版本图书馆 CIP 数据核字（2018）第 133565 号

全球城市简史

［英］格雷格·克拉克 著

于 洋 陈 静 焦永利 译

于 洋 总译校

Quanqiu Chengshi Jianshi

| | | | |
|---|---|---|---|
| 出版发行 | 中国人民大学出版社 | | |
| 社　　址 | 北京中关村大街 31 号 | 邮政编码 | 100080 |
| 电　　话 | 010－62511242（总编室） | | 010－62511770（质管部） |
| | 010－82501766（邮购部） | | 010－62514148（门市部） |
| | 010－62515195（发行公司） | | 010－62515275（盗版举报） |
| 网　　址 | http://www.crup.com.cn | | |
| | http://www.ttrnet.com(人大教研网) | | |
| 经　　销 | 新华书店 | | |
| 印　　刷 | 天津中印联印务有限公司 | | |
| 规　　格 | 148 mm×210 mm　32 开本 | 版　　次 | 2018 年 7 月第 1 版 |
| 印　　张 | 6.125 插页 2 | 印　　次 | 2018 年 7 月第 1 次印刷 |
| 字　　数 | 113 000 | 定　　价 | 39.00 元 |